보로부두르

보로부두르

8세기 남방불교미술의 정수

저자 존 믹식(John Miksic)
사진 마르첼로 & 아니타 트란치니(Marcello & Anita Tranchini)
역자 김성훈

학연문화사

역자 김 성 훈

1952년 생.
전남대학교 공과대학 졸업.
동국대학교 문화예술대학원 불교미술전공 석사,
동대학교 일반대학원 불교미술학과 박사 졸업(미술학).

주요 저서 :『남인도 인문기행』,『둔황 막고굴 초기밀교 미술』.

Original title : Borobudur
Copyright ⓒ 1990 Periplus Editions (HK) Limited

Korean translation rights arranged with Periplus Editions (HK) Ltd.

보로부두르 - 8세기 남방불교미술의 정수

2018년 9월 21일 초판 1쇄 발행

저   자   존 믹식(John Miksic)
사   진   마르첼로 & 아니타 트란치니(Marcello & Anita Tranchini)
역   자   김성훈

펴낸이   권혁재

편   집   권이지

제   작   동양인쇄주식회사
펴낸곳   학연문화사
등   록   1988년 2월 26일 제2-501호
주   소   서울시 금천구 가산디지털1로 168 우림라이온스밸리 B동 712호

전   화   02-2026-0541
팩   스   02-2026-0547
E-mail   hak7891@chol.com

책값은 뒷표지에 있습니다.
잘못된 책은 바꾸어 드립니다.

ISBN 978-89-5508-387-3 93220

목　차

작가 서문

보로부두르는 인간의 정서를 왜곡하는 것들로부터 벗어나기 위한 지적이며 평화로운 교육의 장場으로 의도되었다. 테라스 부조에 등장하는 인물들 뿐 만아니라, 기단에서 벌을 받고 있는 지옥의 죄인들까지도 평온한 얼굴이거나 심지어 미소를 띠고 있다. 오늘날 자바인들은 무슬림임에도 동요되지 않는 정서적인 차분함을 최고의 덕목으로 여기는데, 아마도 보로부두르가 축조될 당시 고대의 자바에서도 동일한 가치가 추구되었고 대부분 획득되었다고 생각된다. 서로 다른 조각가가 묘사한 수 백 미터가 넘는 보로부두르의 부조에서 마주하는 이와 같은 한결같은 분위기를 우리는 어떻게 설명할 수 있을까?

역설적으로, 현대를 살아가는 학자들에게 보로부두르에 대한 관심분야는 최초의 설계자들이 의도했던 것과는 반대다. 지금까지 보로부두르와 관련된 밝혀진 이론의 대부분은 단지 명칭이나 설계, 시공, 그리고 대탑의 부조와 관련된 의미를 설명하는데 그치고 있다. 부분적인 상징성과 관련된 논쟁의 일부는 점차 들어나고 있는 반면에, 대탑 전체로서의 의미는 아직도 불가사의로 남아 있다.

고대 자바와 관련된 역사와 고고학분야에서는 느리지만 꾸준한 성과가 이어져 왔다. 새로운 고고학적인 유적이나 명문들이 각종 도구, 무기류, 장식물 등과 함께 출토되면서 당시의 경제와 사회에 대한 윤곽이 조금씩 밝혀지고 있다. 이 새로운 자료들은 보로부두르나 다른 유적으로부터 보존되어온 정보들과 함께 토론의 장에서 다시 만나게 된다. 다양한 분야로부터 이와 같은 방법으로 얻어진 성과는 신들의 왕인 인드라의 궁전을 덮고 있는 거대한 그물망과 비교된다. 그물망을 장식하고 있는 보석 하나하나는 다른 보석에게 빛을 발하며 서로에게 영향을 미치고 있다.

보로부두르와 같은 고대의 종교시설물은 상징성을 중요하게 여기기 때문에 일반 건축과는 다르다. 이 시설물들은 복잡하거나 미묘한 사상을 표출하는 데는 적합하지 않으나, 축조자가 의도한 단순한 메시지를 거대한 민중에게 전달하는 가장 강력한 수단 중 하나이다. 대부분의 시설물들은 매우 먼 거리에서도 식별이 가능한 감탄할 만한 실루엣을 보여주며, 민중들의 경외나 존경 그리고 확신의 감정을 강하게 불러일으킨다. 고대의 자바인들 역시 그와 같은 건물을 보유하였는데, 대표적으로 프란바난에 위치한 시바신과 관련된 사원집단이다.

그러나 보로부두르의 건축가는 이와 같은 단순한 목적에 얽매이는 것을 의도적으로 회피하였다. 대탑은 큰 목소리로 자신을 정체성을 주장하지는 않는다. 대신 지표 밑에 잠재된 거대한 힘을 암시하며 고원위에 조용히 엎드려있다. 보로부두르가 주는 메시지는 너무 복잡하여 단순한 외부의 형상만으로는 모두 설명할 수 없다.

이와 같은 관점에서 보로부두르는 하나의 건축물이 아니라 특정 철학을 전달하는, 그러나 복잡한 주제가 아닌 바로 존재의 의미와 같은 불교의 교리를 설명하는 도구다. 보로부두르의 건축가들은 무미건조한 일련의 강설講說을 대탑에 기록함으로써 이와 같은 목적을 충분히 성취하였다. 또한 그들은 불교에 흥미가 없거나 부족한 중생들에게 즐거움을 선사하기 위하여 엄청난 재능을 발휘하여 최고의 예술품을 창조하였다. 최초의 건축가가 그토록 멀리 떨어진 시간과 공간을 초월하여 중생들에게 영향을 준 이 대탑의 힘은 인류 문명의 금자탑으로 그 흔적을 남기고 있다.

이 책은 독자들에게 보로부두르와 그곳의 부조로부터 얻는 즐거움을 향상시키기 위하여 계획되었다. 특히 보로부두르를 축조한 고대의 자바인들과 우주에서 인간의 위치와 관련된 그들의 사상과 관련된 그들만의 상징이 무엇인가를 주로 기술하였다.

내가 참고하였던 서적의 저자들과 담화에서 생각을 공유하였던 네 분의 훌륭한 학자들 즉, 데 카스파리스(J. G. de Casparis), 두말카이(Dumarcay), 폰테인(J. Fontein), 그리고 숙모노(Soekmono)에게 깊은 감사를 드린다. 그분들의 영향은 이 책의 곳곳에 배어있다. 그리고 싱가포르에서 얻기 어려운 불교와 관련된 지식에 접근하도록 도와준 콰 콩 구안(Kwa Chong Guan)에게도 감사의 마음을 전하고 싶다.

이 책을 욕야카르타(Yogyakarta)에 위치한 가자 마다(Gajah Mada) 대학의 고고학과 친구들과 동료들에게 헌정한다.

존 믹식

사진작가 서문

보로부두르의 부조는 물과 대기조건, 약탈로 인하여 패널의 일부가 손상되었지만, 마치 대탑의 외벽을 감싸는 아름다운 보석으로 치장된 거대한 옷깃처럼 보인다. 부조의 아름다움은 피상적이나 성급한 시선으로는 제대로 감상할 수 없다. 안타깝게도 대부분의 방문객들은 끝없이 이어지는 테라스마다 설치된 갤러리의 작품에 몰두하며 지루하게 자신을 이끌다 지치고 만다. 반면에 테라스에서 간단한 휴식을 취한 후에, 상부의 원형 테라스에서 펼쳐지는 광활한 느낌을 만끽하기 위하여 단숨에 올라가는 방문객도 있다. 모두 보로부두르의 진정한 아름다움을 만날 수 없다.

고대의 순례자들은 보로부두르를 참배하기 위하여 테라스에 설치된 좁은 통로를 천천히 그러나 쉬지 않고 걸었다. 대탑의 주벽을 항상 오른쪽에 두고 명상과 기도를 하며 정상까지 느리지만 영적인 감동을 만끽하며 걸었다. 정상을 향하여 올라가는 과정에서 세속의 번뇌로부터 부단히 이탈하는, 지금까지 경험하지 못한 깨달음을 성취하였다. 보로부두르의 건축가는 이와 같은 순례의 과정을 배려하여 하층 테라스는 미로처럼 불가사의한 반면에 상층으로 오를수록 점차 개방되고 생명감이 넘치는 공간으로 만들었다. 순례자는 드디어 미로의 종착역에 도착하였다. 육체적으로 힘들었지만 정신적으로 신선하고 생명력이 넘치는 그의 마지막 소원을 성취하였다. 그는 혼자였으나 부처님과 하늘에 더욱 가까이 다가갔다.

대탑의 아름다움에 매료된 오늘날의 방문객들은 반드시 고대의 순례자가 걸어간 이 길을 밟아야 한다. 그들이 걸어간 순례의 여정을 천천히 그리고 인내심을 가지고 패널에 새겨진 장면을 하나씩 무심코 바라보며 걸어야한다. 이제 그들은 인류가 창조한 최고의 예술품 중 하나를 보로부두르에서 발견할 것이다.

가장 단순한 미술작품일지라도 제대로 감상하기 위하여 적당한 장소와 시간, 그리고 올바른 마음가짐이 요구된다. 이들의 조화는 보로부두르에서 가장 잘 성취되었다. 유적은 외딴 섬의 고립된 케두평원에 당당하게 우뚝 서있다. 방문객들은 섬세하고 우아한 인물들과 조화로운 구성을 응시하면서, 석벽石壁과 하늘사이의 고요하고 좁은 긴 통로를 통과하게 된다. 그들 역시 불국정토에 들어서는 신비로움과 경건함으로 가득 차게 된다.

보로부두르의 조각가은 비교할 수 없는 독특한 인물상을 창조하였는데, 그들의 모습에서 불교의 정수인 섬세함과 온순함이 느껴진다. 수세기가 넘는 세월 동안, 적도의 뜨거운 햇볕에 노출된 부드러운 현무암은 마치 품위 있는 황색 페인트를 칠한 듯 변색되었다. 이 탁월한 색조는 오래되고 차분한, 그리고 빛바랜 마법 같은 고요함 마저 느껴지는 금색이다. 마치 누군가 이 딱딱한 인물들의 얼굴과 신체에 금가루를 살짝 뿌린 듯 보인다. 특히 종일 햇볕을 마주하는 행운을 얻은 석재들은 이와 같은 경이로움이 더욱 배어난다.

조각의 아름다움을 올바르게 전달하기 위하여, 사진가는 특히 조각가와 친밀한 관계를 유지하여야 한다. 햇볕이 상냥한 그들의 얼굴을 올바르게 비출 때까지 참고 기다려야 하며, 마음에 점찍어 둔 대상을 가슴조이며 이리저리 찾아나서야 한다. 가끔 기대하던 작품을 만나면 파도 같은 격렬한 감동을 경험할 것이다. 작품성뿐만 아니라, 무엇보다도 수천 개나 되는 고요하고 다정한 그들의 눈빛에서 고대 인도네시아의 영혼이 살아 숨 쉬는 것 같은 즐거움을 맛볼 것이다. 사진가와 조각가는 천년이 넘는 시간의 공간을 뛰어넘는 풍부한 생명력으로 조우할 것이다. 그는 묻고 있고, 다른 이는 먼 곳에서 울리는 조용한 속삭임으로 응답하고 있다.

　　사진가는 실로 행운아였다. 보로부두르를 사진에 담는 일은 고대 장인들의 아름다움을 획득하는 예민한 감각을 나에게 일깨워주었다. 이곳에서 나의 변함없는 생각은 완벽함을 위하여 싸우지 않는 것이다. 만약에 이 책이 일반 대중을 위한 보로부두르의 가장 아름답고 중요한 부조상과 관련된 나 자신의 충실한 선택이었다면, 이는 나의 의도에 부합할 것이다. 나의 희망은 이 작업이 보로부두르를 방문한 모든 이에게 자극이 되고 도움이 되는 것이다. 그리고 잘 마모된 계단에서 힘들게 성취한 그들의 회상을 생생하게 되돌려 주는 것이다.

마르셀로 트란치니

역자 서문

　이십여 년 전 인도네시아의 발리를 경유하여 도착한 족자카르타는 여느 섬지역과 다름없는 한적한 소도시였다. 그러나 코코넛 밀림에서 모습을 드러낸 보로부두르대탑은 눈을 의심케 하는 경이로움 그 자체였다. 당시 관광객은 우리 일행을 제외하곤 서양인 십여 명이 대탑주변을 서성이고 있었다. 우선 그 거대함에 곧바로 압도되고 말았으며, 대탑을 순회하며 차츰 그 정교함에 다시 한 번 매료되었다. 고대의 자바인들이 끝없는 대자연 속에 인간의 위대한 흔적을 남기고 있었다. 보로부두르대탑은 유명한 캄보디아의 앙코르와트 힌두교사원보다 삼백여년 전 이른 시기에 축조되어 동남아시아지역의 중세 종교미술을 선도하고 있었다.

　자바에서 이 대탑이 축조되던 시기(8세기)는 인도에서 불교가 굽타시기부터 흥성한 힌두교에 대항하며 나란타사원을 중심으로 변신을 모색하고 있었고, 북전불교의 중심인 중국 역시 이와 같은 사상을 수용하며 밀교라는 새로운 기풍을 발달시키고 있었다. 삼국을 석권한 신라는 불국사와 석굴암을 조영하고 있었으며, 이웃한 일본도 화엄대찰 동대사를 창건하는 등 동아시아의 불교가 절정에 이른 시기였다.

　남방불교미술의 최고봉이라는 보로부두르대탑은 몇 가지 측면에서 문명사에 기록을 남기고 있다. 첫 번째는 탑의 거대한 규모로 평균 100kg의 석괴 200만개로 축조된 석탑은 113m×113m의 방형기단에 높이도 40m에 이른다. 이정도의 규모면 아시아 최대의 석조건조물로 손색이 없다. 둘째, 석탑의 외면에 4단의 테라스를 두고 길이 1,200m의 갤러리를 조성하여 대형 부조판넬을 부착하고 각종 불교고사를 조각하였다. 갤러리의 부조 판넬이 상하로 조성된 점을 고려하면 이 고대의 미술품을 모두 감상하기위하여 무려 10회(5,000m) 대탑을 순회하여야한다.

　마지막으로 가장 중요한 대탑의 예술성을 언급하지 않을 수 없다. 1,200년 전 적도부근 외딴 섬나라의 자바인들은 인도로부터 전해진 몇 권의 경전을 토대로 위대한 서사시를 그들의 땅에 조각으로 옮겨놓았다. 그들이 생애동안 겪었던, 그리고 상상하였던 장면을 치즐로 새기며 난해한 불교의 진리를 그림으로 재현하였다. 조각에서 민낯으로 들어난 그들의 삶과 사고는 부처가 깨달은 진리요, 그들이 살고 있는 땅이 바로 불국정토 그것이었다. 조각은 생동감이 넘치며 인류의 위대한 덕성을 실현하였다.

　보로부두르대탑에 조성된 불상은 모두 504존에 이르며, 불탑도 1,500여기가 조성되었다. 대탑의 4면과 상단에 안치된 불상은 모두 등신으로 방향에 따라 그들은 수인을 달리하며 심오한 불법세계의 진리를 만방에 하고 있다. 불상은 불교의 정수요 불교가 전파된 지역의 민중의 이상을 대변한다. 보로부두르의 불상은 인도 굽타시기를 계승하였으며 자바인들이 꿈꾸는 완벽한 인간의 모습을 구현하였다. 이는 토함산의 석가모니불과도 상통한다.

보로부두르가 조성되던 무렵, 인도에서 북으로 전해지던 불교는 실크로드가 유목민에 의하여 폐쇄되면서 남방 해상로를 이용한 교류가 더욱 성행하였다. 동아시아와 인도의 나란타사원을 오가는 승려들은 말라카 해협의 팔렘방과 자바를 경유하였다. 당시 불교는 사상적인 대변신을 시도하며 대승불교의 꽃이라는 밀교가 태동하고 있었다. 인도에서 출발한 금강지가 자바에서 불공과 조우하였으며, 불공에게 사사한 혜과와 혜초, 공해가 이 법맥을 잇고 있었다.

보로부두르대탑이 알려진 18세기이후 이백여년동안 수많은 학자들에 의하여 대탑의 조성사상과 소의경전이 연구되었다. 현재 땅속에 사라진 원래의 기단에는 '인과응보경'이, 테라스 1단과 2단의 일부는 '부처의 전생과 본생'이, 그리고 2-3단과 4단은 화엄경 입법계품의 '선재동자의 구법행각'이 도해되었음이 밝혀졌다. 그리고 대탑의 4면에는 금강계의 사방불이 배치되었고 상단의 보탑은 비로자나불을 상징하였을 가능성도 언급되었다.

이제 남방불교의 시작과 그 중심에 있는 보로부두르의 대탑을 다시 차분히 들여다볼 시기가 되었다. 저자는 대탑이 밀림에서 모습을 들어 낸 이후 지금까지의 과정을 비교적 소상히 기술하였으며, 수록된 사진도 현재로서는 재현할 수 없는 소중한 자료로 평가된다. 대탑주변에는 아직도 플라오산, 멘둣, 캔디세유, 파원, 칼라산과 같은 보로부두르대탑시기의 불교사원들이 연구자들의 손길을 기다리고 있다.

김성훈

18 보로부두르

제 1 장

자바의 역사와 고고학

개론

보로부두르가 역사 속으로 사라진 이후, 이곳을 최초로 방문한 것으로 기록된 사람은 승려나 학자가 아니었다. 그는 중앙 자바지역을 다스리던 통치자에 대항하여 반란(1709~1710)을 일으킨 자다. 자바의 역사서에 따르면 '당시 수많은 반역자들이 사망했으며 두목 키 마스 다나(Ki Mas Dana)는 바라-부둘(Barabudur)산으로 도망갔다'고 기록되어 있다. 왕자 프린자 라야(Pringga-Laya)와 군대가 추적하여 그가 숨어있는 산을 포위하고 생포하였다. 결국 칼타수라(Kartasura, 인도네시아 자와섬 족자카르타 지역 북부에 위치)에 압송되어 왕에 의하여 처형되었다.[1]

두 번째로 기록된 방문자는 왕자였다. 그도 키 마스 다나만큼이나 불행하였다. 1758년 족자카르타의 후계자는 당시에 떠돌던 '천 개의 부처가 모셔진 산을 방문한 왕족은 곧 죽을 것'이라는 예언을 무시했다. 반항적이고 방탕하기로 유명했던 왕자는 보로부두르의 감실龕室(cage)에 모셔진 '천개의 전사상戰士像'을 직접 보고 싶어 했다. 왕자가 떠난 뒤 소식이 없자 왕은 그를 데려오도록 사람을 보냈다. 돌아온 왕자는 곧 피를 토하고 죽고 말았다.[2]

1700년 무렵까지 자바인들은 보로부두르가 그들의 조상이 건립한 위대한 유산이었음을 잊어버린 듯 했다.

1_ W. O. Olthof, *Babad Tanah Djawi in Proza*('s Gravenhage: M. Nijhoff, 1941), p. 318.

2_ J. Brandes, "Twee oude berichten over de Baraboedoer," *Tijdschrift van het Bataviaasch Genootschap* 44(1901), pp. 73-84.

그들에게 보로부두르는 수많은 조각상이 존재하는 하나의 언덕에 불과하였다. 이슬람시기 이전에는 보로부두르를 '폐허廢墟'라는 뜻의 '캔디(candi)'라 불렀다. 그들은 신을 숭배하는 성지로 인식하지 않았다. 아마도 누군가 과거에 조각상을 건립하고 알 수 없는 인물을 새겼다고 생각하였다. 이처럼 중세시기의 보로부두르는 단지 부정적 호기심의 대상이었다.

보로부두르, 다시 깨어나다

행운은 19세기 자바의 방문객에게 찾아 왔다. 당시 자바의 총독인 토머스 스탬포드 래플스(Thomas Stamford Raffles, 1811~1816; 재임)는 자바의 북쪽 해안가에 위치한 작은 도시 새마랑(Semarang)의 한 맨션에서 섬 내부에 있는 황폐화된 거대한 사원과 관련된 이야기를 듣게 된다. 군 측량사인 콜린 맥켄지(Colin MacKenzie)도 족자카르타의 도로 동쪽에 남아 있는 고대의 힌두교사원에 대하여 보고하였다. 맥켄지는 이미 인도에서 11년간 근무하였는데, 그 동안에 경험했던 고대의 힌두교신상이 머나먼 이곳 이슬람교도의 섬 자바에 존재한다는 것에 대해 상당한 놀라움과 흥미를 느꼈다.

래플스는 자바섬의 고대유적에 관심을 기울인 첫 번째 총독이 되었다. 그는 이미 맥켄지 부대에 팀을 운영하여 자바섬을 측량하고 유적을 기록하도록 지시하였다. 그리고 현지 주민들에게 고대 유물을 가져오도록 유도하는 정책을 펼쳤다. 1814년 1월 미상의 현지인이 래플스 총독에게 오래된 청동상과 금화를 보여주며 잠시 망설이다, 족자카르타의 케두평원 서쪽에 위치한 폐허로 남아있는 거대한 유적에 대하여 언급하였다.

당시 맥켄지는 이미 인도로 복귀한 뒤였다. 대신 그

전장; *1873년 C. W. Mieling이 제작한 석판인쇄. 1849년에 F. C. Wilsen이 작성한 보로부두르의 스케치에 기초하여 제작되었다.*

반대편 : *보로부두르와 관련된 최초의 도판. 래플스의* The History of Java*의 두 번째 판에 개재되었다. 코넬리우스의 스케치에 기초한 이 도판은 외곽선이 비교적 명료하며 대탑위에 자라고 있는 대형 나무들이 보인다.*

H. N. Sieburgh의 스케치(1838년). 보로부두르에서 북서방향으로 500m지점에서 바라본 전경. 왼쪽 하단에 묘사된 수문신(드 바라팔라)은 1896년에 태국왕 출라롱콘에게 선물로 준 것으로, 현재 방콕국립박물관에 소장되어 있다.

와 같이 근무했던 네덜란드 기술자 코넬리우스(H. C. Cornelius)를 현지에 급파하여 보고서를 작성하도록 하였다. 코넬리우스는 현지인과 함께 밀림에 들어가 수백 년 동안 잠들어있는 거대한 유적을 발견하였다. 그는 한 달 반 동안 약 2백여 명의 인부를 동원하여 주변의 숲을 제거하고 유적의 형태가 완전히 드러나도록 흙먼지를 제거하였다.

코넬리우스는 현장에서 확인한 대탑과 관련된 수많은 도면을 작성하고(39장이 현존함)[3], 총독에게 보고서(공개되지 않았음)를 제출하였다. 그가 작성한 도면과 보고서는 간략한 내용이지만, 역사상 최대의 불교성지와 관련된 최초의 보고서로서 중요한 자료로 평가된다. 이는 19세기의 위대한 고고학적 성과이며 놀랄만한 사건이었다.

아시아의 남쪽 끝에 위치한 섬의 오지에서 발견된 이와 같은 거대한 미술작품은 외부세계에 커다란 충격

으로 받아들여졌다. 보로부두르의 발견은 프랑스인 앙리 무오(Henri Mouhot, 1826~1861)가 캄보디아의 훌륭한 유산인 앙코르와트에 도착하기 47년 전의 사건으로, 유럽인들이 동남아시아에서 발견한 최고수준의 문명이었다. 이후 이 유적과 관련된 수많은 의문들은 200년이 넘은 오늘날까지도 지속되고 있다. 고대에 인도로 부터 5,000㎞나 떨어진 자바섬에 어떻게 불교가 전해졌을까? 불교가 전파된 다른 지역의 사람들이 이루지 못했던 불교 역사상 가장 크고 정교한 건조물을 어떠한 이유에서 자바인들이 이 섬에 축조하였을까?

인도 불교의 전파

불교는 보로부두르가 건설되기 약 1,300년 전에 인도에서 기원하였다. 싯다르타 고타마[4](후대에 부처 혹은 '깨달은 자')는 기원전 500년경에 히말라야의 남쪽 자락에서 태어났다. 그는 샤카족의 일원으로 석가모니 즉 '석가족의 보석'[5]으로 불렸다.

그가 깨달은 '영성의 구원'과 관련된 새로운 믿음은 점차 실크로드의 상인들과 전법(傳法) 승려에 의하여 아시아전역으로 퍼져나갔다. 불교에서는 이 상인과 승려들을 타인을 구제하기 위하여 위험한 모험도 불사하는 희생자로 간주하며, 본생담과 우화 등에 영웅으로 묘사된다. 그들은 부처와 보살이 자신을 보호한다는 신념을 가지고 실크로드의 오아시스에서 중국과 일본의 심장부에 이르기까지 수많은 불상과 경전을 전파하고 사원을 건립하였다. 이들이 전파한 불교와 불교미술과 관련된 오래된 전통은 히말라야로부터 일본에 이르기까지 방대한 지역에서 오늘날까지 활발하게 유지되고 있다.

3_ 그가 작성한 도면은 예술성과 정확성 측면에서도 주목을 받지 못했다; J. F. Stutterheim, *De Teekeningen van Javaansche Oudheden in het Rijks museum van Ethnografie* (Leiden: Luctor et Emergo, 1933), pp. 50-76.

4_ 싯다르타는 그의 이름이며 가우타마는 그가 속한 씨족의 명칭이다.
5_ 샤카가 때론 '씨족의 명칭'으로 호칭되나 이는 잘못된 견해로 샤카는 부족에 더욱 가깝다. 샤카족의 족장의 지위는 전통적으로 세습되지 않았고 장로 그룹에서 선출되었다. '싯다르타의 일생'에서 샤카족의 정치적인 구조가 세습왕권에 기반을 둔 사회였다는 것을 알 수 있다. B. Walker, *Hindu World* (London: Allen and Unwin, 1968), vol. II, p. 340; C. Drekmeier, *Kingship and Community in Early India* (Stanford: Stanford University Press, 1962), pp. 94-95.

구원을 향한 두 가지 방법

　매우 이른 시기부터 불교도들은 깨달음에 이르는 서로 다른 두 가지의 견해를 지니고 있었다. 하나는 좀 더 엄격한 의미에서, '모든 인간은 끝없이 윤회하는 고통으로부터 궁극적으로 해방되기 위하여 방법을 스스로 체득해야 한다'는 견해다. 이와 같은 정신적인 수행의 과정은 환생과 고통의 고리로부터 탈출하기 위하여 수많은 희생의 삶이 요구되는 길고도 힘든 여정이다.

　다른 하나는, 석가모니 입멸 후부터 몇몇 선각자들이 '수행의 과정은 특별한 깨달음을 통하여 단축될 수 있다'고 주장하였다. 그들은 '궁극적인 미덕은 중생의 이익을 위하여 개인의 행복을 희생한 보살이 되는 것이다'라고 가르쳤다. 보살은 이미 부처의 경지에 도달하였지만, 정신적인 발달이 낮은 단계에서 괴로워하는 중생을 보호하고 인도하기 위하여 스스로 윤회를 거듭하는 존재다. 따라서 보살행을 하는 자들은 인간의 본성은 이기적인 존재로 개인적인 구원만을 추구해서는 안 된다고 믿었다. 그들은 보살이나 '깨달은 자'의 도움으로 궁극적인 단계에 이르기를 추구하였다.

　불교가 인도의 전역으로 확산되며 이와 같은 보살의 개념은 점차 인기가 있었다. 보살과 관련된 상세한 내용과 부처와의 관련성을 탐구하는 새로운 경전들이 등장하기 시작하였다. 추종자들은 이와 같은 믿음을 '대승불교'라 부르며 전래의 엄격한 개인만의 수행을 강조한 '소승불교'와는 구별하기 시작하였다. 그러나 초기불교에서 이 두 가지의 불교사상은 이론적으로는 상이하지만 수행의 관점에서는 혼용되었다.

　밀교는 대승불교로부터 기인했으나 기원후 약 600년경부터 나란다 사원을 중심으로 본격적으로 대두되기 시작하였다. 밀교는 적절한 수행의 방법과 도구, 장치 등을 통하면 깨달음의 길을 단축할 수 있다고 믿는다. 이와 같은 사상은 영적수행의 과정을 돕고 특정의 식에 알맞도록 불교의 공간 즉, 미술과 건축에도 상당한 영향을 미쳤다. 인도에서 밀교의 교리가 신속하게 전개될 무렵에 인도와 자바, 수마트라와의 주요 무역루트가 개설되었다. 이 루트는 육지가 아닌 바다를 통하여 개설되었으며, 수백 년 동안 인도에서 중국으로 가는 상인과 순례자들이 이용한 육상루트를 대체하거나 겸용되었다.

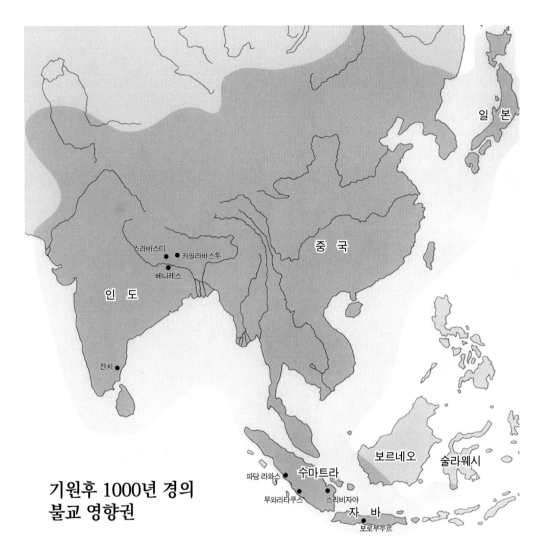

기원후 1000년 경의 불교 영향권

기원후 1000년경의 불교 영향권. 이후 인도에서 불교는 거의 소멸되었지만, 오늘날 아시아의 전역에서 불교는 여전히 활발하게 신봉되고 있다.

　기원 후 첫 번째 밀레니엄 전반기에 힌두교의 다양한 종파가 동남아시아 메콩강 하류지역을 중심으로 영향을 미치기 시작하였다. 이 지역의 고대왕조들은 무역보다 농업에 의존하였으며, 엄정한 사회적 계급구조를 가지고 있었다. 따라서 보편적인 자비를 강조한 불교보다 운명론적인 세습을 강조한 힌두교가 그들에게 더욱 적합하였다. 불교는 특정지역을 제외하고는 당시 영향이 적었으며, 14세기경 스리랑카로부터 소승불교가 도입된 이후부터 이 지역의 힌두교를 대체할 수 있었다. 반면에 수마트라와 자바는 인도에서 직접 해상루트를 통하여 전해진 대승불교의 영향을 받았다. 구원을 위하여 특별한 장치와 기법을 강조한 대승불교 특히 밀교사상은 보로부두르와 같은 거대한 사원을 축조하는데 상당한 영향을 미쳤다.

자바와 자바인들

자바는 인종적이나 지리적으로 고타마 붓다가 태어난 곳과는 매우 먼 곳에 위치한다. 자바인의 기원은 지금으로부터 약 6,000년 전으로 거슬러 올라간다. 중국의 동남 해안을 떠나 대양을 가로질러 모험했던 뱃사람들로 추정된다. 일부는 동쪽으로 항해하여 태평양의 각 섬에 정주하였고, 일부는 서남방향으로 보르네오, 자바, 그리고 그 넘어 아프리카의 마다가스카르까지 이르렀다. 자바인들이 인도와의 교류는 아마도 기원전으로 추정되는데, '자바'라는 명칭은 기원전 2~3세기 무렵에 성립된『라마야나』의 서사시에 언급되었다. 기원후 1세기경 그리스-로마의 무역상들이 남인도에 정박하여 대규모의 후추와 향신료를 싣고 온 이국異國의 선박들에 대한 목격담을 남기고 있다. 이들은 의심할 바 없이 자바와 수마트라의 항구에서 출발한 인도네시아인들 이었다.

자바는 동서의 거리가 약 1,000㎞(600마일)가 넘고, 남북으로 200㎞(120마일) 정도가 되는 열대 섬이다. 섬의 중앙부에는 20여개의 화산대가 존재하며 일부는 아직도 활동하고 있다. 9세기경에는 섬의 대부분이 밀림으로 덮였으며, 당시 백만 명 정도로 추정되는 주민들이 강을 따라 상류지역에 흩어져 살고 있었다.

자바인들은 기원후 약 400년경부터 돌에 인물상을 조각하였고, 남아시아의 다양한 지역으로부터 전해진 모티프나 문자를 사용하여 기록으로 남겼다. 자바 최초의 왕국은 5세기경 타루마네가라(Tarumanegara)[6]로 추정되며 섬의 서쪽 변방에 위치하고 있었다. 자바인들은 700년부터 섬의 중앙지역으로 이동하기 시작하였는데, 이 지역에서 인도의 영향으로 보이는 다양한 모티프의 석조사원들이 건립되었다. 이후 약 200년(700~900년)동안 자바인들은 본격적으로 대규모의 종교사원들을 축조하였다. 자바의 밀림에는 지난 2세기동안 파괴되었음에도 불구하고 아직도 천년이 넘는 수많은 고대의 사원들이 곳곳에 흩어져 있다.

전세기前世紀의 역사가들은 자바는 원시의 땅으로 고대의 인도문명이 점차 정복이나 이민, 통상 등의 방법으로 침투하였던 섬 정도로 인식하였다. 그들은 보로부두르의 대탑 역시 고대 인도인의 작품으로 여겼다. 그러나 이후 꾸준한 연구를 통하여 자바인들이 외래문명을 수동적으로 받아들인 미개인들이 아니라는 결론을 내렸다. 자바인들은 인도와 접촉하기 이전부터 매우 수준 높은 문화 활동을 영위하고 있었다. 그들은 도자기를 굽고, 직물을 생산했으며 구리와 철, 금을 사용하고 있었다. 또한 벼와 수많은 작물을 계단식 농법과 관개시설을 이용하여 수확하고 있었다. 그들은 보로부두르 이전부터 돌을 조각하여 테라스 형식의 성소를 건립하였으며, 조직화된 통치체제도 유지하고 있었다.

보로부두르를 설계하고 건축한 자바인들은 단지 외국의 석조사원을 그대로 모방하지는 않았다. 그들은 자국의 전통과 인도의 석조물들을 혼합하여 새로운 형식의 성소聖所를 창안하였다. 그들이 어떤 방식으로 인도적인 요소와 전통을 결합하였는지, 그리고 인도와 비교될 수 있는 그러나 결코 동등하지 않은 이 지역의 유적들을 통하여 그들이 추구하였던 형이상학적인 개념을 재발견해야 한다.

무역상인과 순례자들

실크로드의 무역상들은 기원후 약 1세기부터 불교를 중국에 소개했으며, 이 새로운 종교는 곧 도교, 유교와 함께 굳건한 위치를 획득하였다. 당시 중국의 구법승들 역시 원전原典을 구하고 부처님의 성소를 방문하기 위하여 인도로 향하는 힘들고 긴 여정을 떠났다. 그들 중 생존한 일부는 산스크리트어를 한자로 번역하기 위하여 수년간을 현지에 머물기도 하였다.

인도와 중국의 바닷길은 몇 세기 후인 400년경부터 서서히 개방되었다. 이 루트와 관련된 최초의 기록은 법현(342~423)의 항해기록(불국기佛國記)에서 발견된다(사진1). 법현은 중국의 구법승으로 불교경전을 구하기 위하여 서쪽 실크로드를 이용하여 인도로 여행하였다. 귀

6_ 역주 - The sundanese Indianised Kindom(358~669 CE)

국 길에는 상인의 배에 편승하여 인도의 남단 스리랑카를 출발한 후 414년에 자바에 잠시 머물고 마침내 중국의 산둥반도에 도착하였다. 10년 후에는 유명한 불교 스승인 카시미르의 왕자 구나바르만(Gunavarman)[7]이 중국(남조 유송 왕의 초청으로 남경으로 향함)으로 향하는 도중에 수년을 자바에서 보냈다. 두 명의 초기 순례자들은 바닷길 여행과 관련된 다양한 기록을 남겼다.

새로운 해상로는 동남아시아의 여러 지역과 인도와의 해상무역에 경험이 많은 인도네시아 선원들의 도움으로 개척되었다. 자바와 수마트라에 있는 항구도 인도와 중국 사이의 주요 경유지나 중개무역으로 번창하였으며, 새로운 중심지로 떠올랐다. 특히 육상 실크로드가 유목민 집단에게 점거 당하는 시기에 이 해상루트는 중요한 역할을 하였다.

동남아시아로 향한 바닷길

인도네시아를 경유한 불교구법승과 전법승들의 항해는 7~8세기경에 특히 성행하였다. 그들이 남긴 기록에 따르면, 이 시기에 자바와 수마트라는 국제 불교학의 중심지였으며, 섬에서 목격한 불교신앙과 관련된 내용은 놀랍고도 인상적이다.

7세기경 이곳을 방문한 중국의 승려 의정(635~713)은 이 지역과 관련된 매우 상세한 기록을 남기고 있다. 671년 겨울에 중국에서 출발한 그는 남수마트라에 있는 스리비자야의 작은 항구에 도착하여 6개월을 머물며 산스크리트어를 배웠다. 의정은 스리비자야의 왕이 제공한 배를 타고 인도에 도착하여 15년 동안 불교경전을 배우고 수집하였다. 이후 686년에 스리비자야로 다시 돌아와 이곳에서 적어도 5년을 더 머물렀다(사진2).

당시 의정은 스리비자야에서 목격했던 매우 활발한 불교활동에 감명을 받았다. 이곳에는 대규모의 승려집

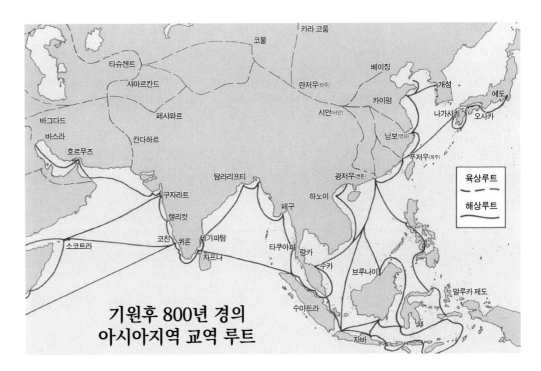

기원후 800년 경의 아시아지역 교역 루트

단이 있었고, 그들의 불교철학과 수행의 수준은 매우 높았다고 전한다. 수마트라의 불교는 중국과는 다른 독특한 성격을 지녔다. 신도들은 부처님의 본생담을 큰 소리로 낭독하고, 단식기간에는 나가(naga)나 다른 정령精靈에게도 공양을 하고 있었다. 인도로 가기 전에 이곳에 머물며 산스크리트어를 배우고 다른 동료 구법승들에게도 권하였다.

의정은 인도네시아에서 함께 공부했던 다양한 지역에서 출발한 승려들의 기록도 남기고 있다.[8] 그들은 산스크리트어뿐만 아니라 현지어도 습득하였다. 일부는 생활하는데 불편이 없어 이곳에 정착하는 경우도 있었다. 승원을 이탈하여 현지인과 결혼한 의정의 한 동료는 인도네시아 최초의 중국귀화인이다.

아시아 대륙은 지금으로부터 약 2000년 전부터 잘 발달된 통상루트를 이용하여 각 지역이 연결되어 있었다. 인도의 불교는 기원후 약 1000년 동안 유로나 해로를 이용하여 아시아의 본토와 동남아시아 섬 지역으로 전파되었다.

---

7 역주 - 구나바르만(求那跋摩, 367~431)은 일찍이 불교가 성행하던 계빈(罽賓, 현 카슈미르)에서 출생하였다. 30세가 되었을 때 계빈 왕이 후사 없이 타계하자, 종실인 그에게 계위할 것을 간곡히 권유하였으나 사양하였다. 이후 사자국(獅子國, 현 스리랑카)에서 배를 타고 사파국(闍婆國, 현 수마트라나 자바)에 이르렀다. 송 원가(元嘉) 원년(424)에 해로로 광저우(廣州)를 거쳐 원가 8년(432)에 수도 건강(建康, 현 난징(南京))에 도착하였다. 기원사(祇洹寺) 등에서 역경(譯經)에 전념하며 다수의 역서를 남겼다. 출처; 실크로드 사전(정수일)

8 역주 - 의정이 저술한 인도여행기『남해기귀내법전(南海寄歸內法傳)』4권과『대당서역구법고승전(大唐西域求法高僧傳)』2권은 7세기 후반의 인도와 동남아시아 등 여러 나라의 불교와 사회를 기록한 귀중한 자료이다. 특히『대당서역구법고승전』에는 當代 60여분의 구법고승들의 행적이 상세하게 기록되었으며, 여기에 신라와 고구려의 고승도 포함되어 매우 흥미롭다. 신라승은 아리야달마법사, 혜업법사, 현태법사, 현각법사, 혜륜사, 기타 두 명과 고구려 승려 현유가 기재되어 있다.

*1850년에 F. C. Wilsen이 그린 보로부두르.
대탑 정상의 찻집과 깃발, 그리고 하단에 대
탑을 방문한 유럽인들과 자바인들이 상세
하게 묘사되어 있다.*

인도네시아 역시 인도출신의 불교학자들에게 매력적인 곳이었다. 의정의 기록에 따르면 중국의 사천과 통킨(Tonkin)의 승려들은 유명한 인도 스승에게 가르침을 받기 위해 인도네시아로 떠났다. 8세기경 가장 유명한 인도의 불교사상가인 금강지金剛智(Vajrabodhi)는 670년에 남인도의 칸치푸람(Kanchipuram)에서 태어났다. 그는 인도의 나란다대학에서 고대 자바에서 중요하게 여긴 불교경전인 『대일경大日經』과 『금강정경金剛頂經』을 연구하고 교정하였다. 젊은 금강지는 중국에 경전을 전파하기 위하여 초자연적인 가르침을 받아들였다. 717년에 금강지는 인도에서 수마트라로 항해했으며, 이어 곧 자바에 도착하였다. 그는 718년에 자바에서 친지들과 무역관계로 머무르고 있는 14살의 스리랑카 승려 불공佛空(Amoghavajra)을 만났다. 불공은 금강지의 제자가 되었으며, 719년에 중국으로 향했다.[9]

불공은 금강지가 사망(741)할 때까지 중국에 체류하였다. 이후 다시 자바로 돌아와 새로운 경전을 수집하고 중국으로 가져가 한자로 번역하였다. 불공은 중국인 혜과惠果(Huiguo, 746~805)에게 불법을 전수하였다. 혜과의 외국인 제자로 자바인 비앙헝(Bianhung)와 우리에게 잘 알려진 일본인 홍법대사弘法大師(Kobo Daishi, 구카이)가 있다. 구카이는 일본에서 진언종眞言宗의 개창자가 되었다. 후대의 학자들은 인본의 진언종과 자바의 불교와 상당한 유사성이 보인다고 주장하는데, 두 지역의 불교미술 역시 많은 유사점을 보이고 있다.[10]

부분적으로는 이와 같은 구법, 전법승려들의 활발한 교류로 자바지역의 불교가 짧은 기간에 유행하는 계기가 되었다. 보로부두르를 포함해서 지금까지 알려진 자바의 불교사원들은 대부분 750년에서 850년까지 백 년 동안에 건립되었다. 수마트라의 주요지역에서 불교는 더 오랜 기간 존속되었다. 인도 벵갈지역의 대승불교 스승인 아티샤Atisa(982~1054)는 1013년에 스승과 함께 수행을 위하여 수마트라의 스리비자야로 여행하였다. 아티샤(사진3)는 이곳에서 20년 동안 머문 후에 그의 나이 56세(1038)에 티베트로 돌아가 연등길상지(Dipankara Srijnana)로 불리며 죽기 전(1054)까지 티베트 불교에 헌신하였다.[11]

로 함광(含光), 혜초(惠超: 신라인), 혜과(惠果), 혜낭(惠朗), 원교(元皎), 각초(覺超)가 있는데, 이들을 육철(六哲)이라고 부른다. 혜과의 제자 일본승려 공해(空海)는 귀국하여 진언종(眞言宗)을 개창하였다. 선무외(善無畏), 금강지(金剛智)와 더불어 개원삼대사(開元三大士)로 불렸다.

10_ L. Chandra, "Borobudur as a monument of esoteric Buddhism," The South East Asian Review 5/1: 13; I. Snodgrass, The Matrix and Diamond World Mandalas in Shingon Buddhism(New Delhi: Sata-Pitaka Series, Indo Asian Literatures vol. 354, 1988), p. 115

11_ 역주 - 아티샤는 동인도 사호르 왕국의 왕자 출신으로서 왕위를 계승하지 않고 출가하여 승려가 되었다. 법명(法名)은 디팡카라 슈리지냐나로 불교의 현교(顯敎)와 밀교(密敎)를 두루 섭렵하여 명성이 높았다. 비구 라마 시라 승원의 장로로 있다가 서(西)티베트 코르레왕의 초청으로 1042년 가리 지방에서 티베트불교, 즉 라마교의 쇄신운동에 앞장섰다. 당시 티베트에는 9세기 중엽부터 쇠퇴의 길을 걷고 있던 라마교의 부흥운동이 일고 있었다. 그는 라마교의 요체(要諦)로서 '보리도등론(菩提道燈論)'을 역설하였다. 후계자 드룸톤(1004~1064)과 카담파종(宗)이라는 종파를 창설하고, 정통파 라마교의 부흥에 힘썼다. 저서 『보리도등론(菩提道燈論)』은 인도불교의 정통교리

9_ 역주 - 불공은 개원 8년(720)에 낙양에 도착하여 광복사(廣福寺)에서 비구계(比丘戒)를 받고 중국어를 학습하고 금강지를 따라 여러 경전을 번역했다. 금강지 사후에 황제의 명을 받들어 인도에서 밀법을 전수받았다. 그는 현밀교전(顯密敎典) 110부(部), 143권을 번역했다. 제자가 약 2천 명에 달하였는데, 대표적으

티베트 밀교(the Sarva Durgati Parisodhana, Elimination of all Evil Rebirths)는 일반 티베트 불교와는 상당히 다른 요소가 발견되는데[12], 고대 인도네시아의 불교와 수행의 측면에서 일부 유사한 점이 있다.

자바의 불교

보로부두르가 건립된 시기 즉 기원후 8~9세기 무렵에는 불교가 안정되지 않았으나 사상적으로는 활발한 변화의 시기였다. 신자들은 그들의 종교에 높은 기대를 가졌고, 새로운 종교사상과 수행의 방법을 발전시킨 학자들을 특히 존경하였다. 인도네시아인들도 인도로부터 받아들인 불교가 확산되도록 노력했을 뿐만 아니라 자신에 맞도록 변화시켰다. 그러나 불행하게도 현재까지 전하는 관련된 텍스트는 거의 전무하다.

오늘날 고대 인도네시아의 불교경전이나 수행과 관련된 연구는 외부의 자료에 의존할 수밖에 없다. 당시 밀교신도들은 탄트라 혹은 영적인 규범집으로 요약되거나 부호화된 수행의 방법을 사용했다고 추측된다. 인도네시아에서의 밀교수행은 보로부두르 건립 이전에도 발달되어 있었다. 주연, 축제, 화장터에서의 춤과 종교적 성행위들은 이 지역에서 빈번히 행해졌고, 특히 동부 자바와 수마트라 지역에서 14세기 무렵까지 성행하였다.

일부 학자들은 보로부두르의 각종 부조에 종교적 성행위나 악신들이 묘사되지 않았다는 점을 예시하며, 보로부두르가 밀교의 영향을 받지 않았다는 주장을 하고 있다. 그러나 실제 밀교 탄트라는 종류가 다양하며 특히 고대의 탄트라형식은 대승불교에 가까웠다. 보로부두르에서 적용된 6종의 불상 배치형식과 같은 중요한 특징들이 당시 밀교의 표준화된 개념을 반영했는지는 알 수 없으나, 건립자가 수많은 밀교사상에 의존하였음은 명백하다.

밀교의 특징

밀교는 인도에서 불교보다 더 오래된 베다의 마법과

1800년도 중반에 대탑을 방문한 H. N. Sieburgh이 그린 완성도 높은 실경實景. 작가 자신이 화면의 좌측 하단에 등장한다.

주문과 관련된 신앙까지도 흡수하며 서서히 발전되었다. 밀교는 특정한 목표에 도달하기 위하여 다양한 수행의 방법을 탐구한다. 탄트라는 매우 다양하지만 대부분의 수행자가 신속한 영적인 해방과 권능을 갖추기 위하여 최음과 의식, 그리고 정신과 육체적인 수행을 권장하고 있다. 요가수행은 기원후 4세기경부터 대승불교에 수용되었는데, 수마트라지역에서 발견된 7세기 후반의 명문에 시다야트라(Siddhayatra) 즉 '영성을 깨닫는 의식을 수행하기 위하여 신성한 장소로 떠나는 순례자들'이 기록되어있다. 자바지역에서는 9세기말까지 탄트라 수행을 통하여 불성을 깨닫는 방법(즉시성불卽時成佛)을 강조한 금강승金剛乘이 매우 유행하였다(부록C: 금강저).

금욕적인 불교에서는 육체란 단지 일시적인 환영이며 장애물에 불과하다고 여긴다. 그러나 탄트라에서는 일반불교보다 더욱 긍정적인 관점에서 육체를 바라보고 있다. 탄트라의 중요한 특징 중 하나가 자신의 육체에 집중하는 것이다. 육체는 신성神性을 반영하고 있으며, 정신과 육체는 분리될 수 없는, 즉 실체를 포용하는 일체로서의 '서로 다른 양상'으로 보고 있다. 좀 더 일반론적인 관점에서 탄트라는 모든 대립하는 힘은 궁극적으로 하나

를 전하는 현(顯), 밀(密) 양교의 근본이념을 중시하고 있다.

12_ L. Chandra, *A Ninth Century Scroll of the Vajradhatu Mandala*(New Delhi: Sata-Pitaka Series, Indo Asian Literatures vol. 343, 1986), p. 13

가 되며 그와 같은 조화는 그들을 일치시킴으로 성취될 수 있다고 믿었다. 그러므로 육체는 영성을 깨닫기 위하여 쉼 없이 계발해야 된다고 주장한다.

기원후 7세기부터 10세기까지 밀교에서 의식의 규범은 더욱 정교해졌으나 적용은 일부 제한되었다. 수많은 비법은 입문하지 않은 자에게는 비밀로 부쳐졌으며, 스승에 의하여 선택된 자들에게만 전수되었다. 탄트라가 더욱 체계화되면서 스승은 입문자를 4단계로 분류하였다. 낮은 두 단계는 스승이 그들에게 특정 신중神衆을 배정하였는데, 그들 혼자의 힘으로는 신중을 직시할 수 없기 때문이다. 심약한 신도에게는 온화한 신중을, 그리고 강한 심성을 소유한 자에게는 폭력적이고 악마성향의 신중까지도 배정하였다. 이는 신도들이 극복해야하는 수준에 상응하는 신중의 특성이 고려되었기 때문이다. 세 번째와 네 번째 단계는 이미 그와 같은 신중을 상상할 필요가 없는 신도를 지칭한다. 보로부두르는 이와 같은 카테고리의 사상을 통합하여 불탑의 하단은 매우 분명한 실체를 보여주는 반면에 상단은 상당히 추상적으로 설계되었다.

고대 자바의 문헌자료

고대 자바와 수마트라의 불교 중심지에 대규모의 도서관이 존재했을 가능성이 많지만, 책은 야자 잎이나 썩기 쉬운 재료로 만들어져 현재까지 전하는 문헌자료는 전무하다. 우리는 그동안 발굴된 소수의 내구성이 있는 석재나 금속판에 새겨진 짧은 명문銘文 등을 통하여 약간의 정보를 얻을 수 있을 뿐이다. 현재 전하는 몇 권의 경전은 자바에서 보로부두르가 건립된 수백 년 이후에 만들어졌다.

인도네시아에서 현존하는 불교와 관련된 가장 오래된 기록은 방형 금속판에 새겨진 11장의 명문이다. 발견된 장소는 알려지지 않았는데, 금속판이 주목을 받던 시기는 2차대전이후로, 당시 자카르타의 국립박물관에 소장되어 있었다.[13]

이 금속판은 초기 본을 복사한 판본으로, 서체 분류를 통하여 기원후 650년에서 800년 사이에 작성된 것으로 보고 있다. 내용은 5세기 초에 자바에 도입된 경전에서 발췌했으며, 아마도 카시미르의 왕자인 구나바르만(Gunavarman)에 의하여 반입되었을 가능성도 있다. 산스크리트어로 기록된 이 경전은 복잡한 문법구조를 탈피하여 정교하게 단순화되었다. 이와 같은 형식은 이 판본이 승려나 종교학자들보다 일반대중을 위하여 제작되었을 가능성을 보여준다. 8개의 금속판은 양면에 잘 알려진 불교 논서論書로 부터 발췌한 자구字句를 새기었다. 내용은 고통의 12가지 원인과 그것들 사이의 관련성에 대하여 기술하고 있다. 결론은 만약에 고통의 원인 하나가 제거되면, 그 연결고리는 끊어질 것이며 그 나머지도 자연히 사라지게 된다는 내용이다.

나머지 두 개의 금속판은 짧은 불교 강령을 새기었고, 마지막 판에는 미상의 부호도 새기었다. 이 11개의 금속판은 아마도 읽히기 위하여 제작되지 않았고, 스투파와 같은 불교시설물에 호부護符를 목적으로 매립되었을 가능성이 있다.

보로부두르 시대의 명문

현재까지 보로부두르가 존재할 당시의 기념명 자료는 단 2개가 전할 뿐이다. 그중 하나는 기원후 824년에 왕 사마라퉁가(Smaratungga)가 건립한 종교 건물에 대하여 언급하고 있다. 명문은 훼손되었으나 단편은 10부문으로 나뉘어 건물의 구조와 관련이 있어 보인다. 10이라는 숫자는 부처의 경지에 도달하기 위하여 통과해야하는 보살의 10단계 수행을 의미한다. 실제 보로부두르의 순례자들은 건물 벽에 조각된 대규모의 부조를 감상하며 10회의 탑돌이 행사를 진행하는데, 이와 같은 불교의식과 관련이 있다.

또 다른 명문에는 '여왕 카후루난(Kahulunan)이 842년에 부미삼바라(Bhumisambhara, '10단계의 선행')라는 성소聖所를 지원하기 위하여 자

13_ A. Wayman, "Reflections on the theory of Barabudur as a mandala," *Barabudur: History and Signi ficance of a Buddhist Monument*(Berkeley Buddhist Studies No. 2, 1982).

금을 배분하였다'고 기록되어있다. 일단의 학설에 따르면 명문에는 언급되지 않았지만, 성소의 명칭에 산을 뜻하는 부다라라(bhudhara)라는 접미사가 있어 보로부두르가 부미삼바라(Bhumisambhara)의 부다라라(bhudhara)에서 기인했을 가능성이 있다고 보고 있다[14]

확신할 수는 없지만 학자들에 의하여 발견된 이 두 명문(824, 842년)자료는 보로부두르의 역사에 참고가 된다. 그동안 보로부두르의 건축역사에 영감을 준 각종자료로부터 획득한 정보를 분석하기 위하여 다양한 분야의 학자들이 분투하고 있다.

보로부두르 이후의 불교경전

보로부두르 이후 가장 오래된 불교와 관련된 문헌은 기원후 925~950년경에 작성된 『상 항 카마하야니칸(the Sang Hyang Kamabayanikan)』('위대한 대승불교') 경전이다. 이 경전은 산스크리트어로 기록된 42개의 시구詩句와 자바어 주석서로 구성되었다. 9세기경 자바와 수마트라의 승원 도서관에 소장되었던 이 저술의 내용은 대비로자나불(Mahavairocana)과 관련이 있다. 비로자나는 부처의 다른 이름으로 '우주의 광명'을 뜻한다. 후대에 밀교에서 부처는 단지 현생現生에서 비로자나불의 화신化身일 뿐이라고 주장한다. 이는 '자비를 베풀어야 하는 미천한 중생들을 위하여 부처님의 진상眞相을 보여주기 위함이다.'라고 전한다. 한때 『상 항 카마하야니칸』이 보로부두르 건축가들의 지침서였다는 주장이 있었으나, 몇몇 주요관점에서 보로부두르의 상징성과 이 경전에 표현된 사상과는 부합하지 않는다는 의견이 지배적이다. 이 경전은 적어도 보로부두르가 완성된 75년 이후에 쓰여 졌으며, 보로부두르의 설계에 직접적인 단서는 제공하지 않는다.

『대비로자나불경』은 만다라나 탄트라와 같은 형이상학적인 도구의 효용성을 믿는 신도들을 대상으로 쓰여 졌다. 이 경전은 기원후 900년까지 중앙자바에서 유행하였다. 이 경전이 보로부두르의 건축가에게 어떤 영향을 주었는지는 규명하기가 매우 어렵다.

고대 자바의 왕들

고대 자바지역에서 불교는 힌두교보다 인기가 적었다. 섬에서 발견된 초기 신상과 사원들은 대부분 시바와 비슈누에게 봉헌된 것들이다. 힌두교의 라마야나와 마하바라타 서사시도 당시 유행하였으며, 오늘날까지도 자바에 남아 있다. 고대 자바의 왕들은 토지가 비옥해지고 적들을 정복할 수 있도록 신에게 빌었다. 불교도 마찬가지였으나 불교는 특히 힘 있는 왕족들의 후원을 받았다. 보로부두르 건립시기에 힌두교와 불교 모두 당시 자바사회의 통치계급을 형성했던 주요한 지배집단인 산자이야(Sanjaya)와 사일렌드라(Sailendra)와 관련이 있다.

고대 자바사회에서 왕족이라는 개념은 다른 지역과는 다르다. 자바인들은 왕족이라는 명칭을 사용할 필요성을 느끼지 못했다. 자바인들은 상속의 개념으로 아버지와 아들과 같은 혈연의 계보를 인정하지 않았다. 대신에 그들은 가족의 내력을 남성과 여성 모두에서 찾았으며, 출중한 선조를 중심으로 단합하고 중요하지 않은 조상은 기억에서 곧 잊혀졌다.

산자이야는 힌두교를 숭상했던 고대의 힌두교 왕국으로 적어도 732년 이후부터 그들의 중요성이 대두되었다. 732년은 왕 산자이야가 중앙 자바지역의 고고학 발굴을 통하여 최초로 언급된 해로, 명문은 보로부두르 남쪽 끝에서 약 10㎞ 거리에 있는 우커산에서 발견되었다.

사일렌드라는 기원후 780년경에 당시 다른 집단인 산자이야를 대체하고 이 지역에서 지배적인 정치집단이 되었다. 인도네시아의 불교는 사일렌드라(산의 신)로 알려진 영향력이 있는 가계와 밀접한 관련이 있다. 이 명칭은 산의 정상에 맴도는 영적인 힘을 믿는 자바인들의 신앙과도 밀접한 관련이 있다. 우리는 사일렌드라가 직조織造한 중앙 자바로부터 수마트라와 말레이반도까지 이르는 거대한 정치적 그물망의 상세한 줄거리는 추적할 수 없지만(사진4), 그들이 틀림없이 작은 부족의

14_ J. G. de Casparis, *Prasasti Indonesia II* (Bandung: Masa Baru, 1956), pp.47-167.

산자이야와 사일렌드라 왕족사이의 긴장관계는 정치적인 경쟁을 유발하였지만, 아마도 종교에는 영향을 미치지 않았다고 본다. 종교는 인도네시아에서 결코 대립이나 투쟁의 원인은 아니었다. 두 왕가의 계보는 혼인으로 결속되었고 그들의 후계자는 산자이야나 사일렌드라 둘 중 하나가 선택되었다. 그들은 족보의 전통을 따르기보다 정치적 그리고 사회적인 신의나 충성도를 선택의 기준으로 삼았다.

산자이야의 재건

기원후 832년에 사일렌드라의 여왕 스리 카후루난(Sri Kahulunan)은 산자이야의 라카이피카탄(Rakaipikatan)과 결혼했다. 피카탄은 아름다운 플라오산(Plaosan) 사원(사진 5)[16]을 포함하여 다양한 불교의 성소들을 후원했으며, 또한 현재 로로 종그랑(Roro Jonggang)으로 알려진 프람바난(Prambanan)에 위치한 근사한 힌두교사원 집단(사진 6)에 그의 거대한 재산과 정력을 쏟아 부었다.

산자이야의 피카탄 정권은 평화롭지만은 않았다. 최고의 통치자가 되려는 야심을 품은 사일렌드라 왕자 바라푸트라(Baraputra)와의 전쟁이 명문에 언급되었는데, 결국 왕자는 패배하였고 수마트라로 도주하였다. 기원후 850년 이후부터 산자이야가 자바에서 패권을 쟁취하였다. 따라서 이후 사일렌드라의 후원이 사라진 자바에서 더 이상의

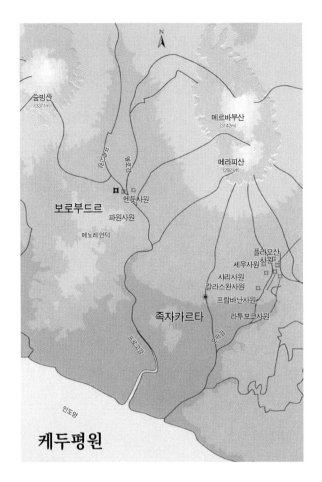

소규모의 아름다운 사원들이 화산지대의 경사면을 포함하여 자바전역에 흩어져 있다. 대규모의 사원집단은 섬의 비옥한 남쪽의 중앙평원에 집중되어 있다; 메라피산 서쪽 케두평원과 화산지대 동측 프람바난평원이 대표적이다.

차원을 넘어선 상당한 세력을 소유했음은 확실해 보인다.[15]

15_ 역주 - 산스크리트어로 '산(山)의 왕'이란 뜻의 사일렌드라 왕조는 동남아시아 섬지역과 내륙을 동시에 아우르는 거대한 국가였다. 850년경 당시 수마트라의 팔렘방을 중심으로 한 해양 왕국 스리비자야(Sri Vijaya)와 합병함으로써 남중국해를 지배하는 명실상부한 해양 강국으로 부상하였다. 8세기 중엽에 스리비자야의 패권에 도전했고, 첸라를 공격하여 과거 푸난의 중심부를 차지했으며, 참파 및 베트남까지도 공격했다. 『대월사기전서(大越史記全書)』에 767년에 하노이 지역이 '곤륜사파(崑崙闍婆)'에 의해서 약탈당했다는 기록이 있다. 여기서 '사파(闍婆)'란 '자와'로서 자와의 사일렌드라를 지칭한다. 그러나 사일렌드라의 번영은 오래 가지 않았다. 앙코르왕국이 시작되면서 사일렌드라는 동남아시아에 대한 통제권을 상실했다. 이 후 사일렌드라의 경쟁자로 부상한 산자이야 왕계의 파타판(Patapan)에 의해 832년 자와에서 왕통은 끊어지고 말았다. 16세기 이후 이슬람세력의 동진과 더불어 네덜란드

를 비롯한 서구세력이 밀려들자 국력이 쇠잔해져 식민화되었다. 보로부두르는 776년 사일렌드라의 비슈누(Vishnu)왕이 건설하였으며, 그의 손자 사마라퉁가(Samaratunga)왕에 의하여 완성(824년)되었다. 최병욱, 『동남아시아사』 2007 참조.

16_ 역주 - 플라오산 사원은 9세기 중반에 건립된 불교사원으로 유명한 프란반 힌두교사원에서 북서쪽으로 약 1km 지점에 위치한다. 사원부지는 약 2,000㎡ 해발고도 200m로, 근처 200m 떨어진 곳에 덴곡 강이 흐르고 있다. 사원집단은 도로를 중심으로 플라오산 로(북측)와 플라오산 키둘(남측)로 구분되며, 174개의 소규모 건물과 116기의 스투파, 그리고 58개의 사당으로 구성되었다. 역사가들은 두 개의 사원내부에 각각 9개의 불상(청동불상 3구와 석조보살상 6구)이 안치되었을 가능성을 거론하고 있다. 현재 2구의 석조 보살상이 대좌위에 존재한다. 사원의 외벽에는 각종 보살상과 불교 서상들이 조각되어 있다. 대부분의 건물은 명문이 남아 있는데, 그 중 2개는 이 사원이 라카이 피카탄(Rakai Pikatan)에 의하여 봉헌되었음을 보여주고 있다. 플라오산의 명문 시기는 825-850년으로 이후 856년에 건립된 힌두교사원인 프란바난과 유사하나, 두 사원은 관련이 없으며 건축기법도 다르다.

대규모 불교건축은 이루어지지 않았다.

　　기원후 928년 이후의 명문은 발견되지 않았으며, 케두평원에 불교나 힌두교의 사원도 건립되지 않았다. 중앙 자바문명 자체는 더 이상 번성하지 않았다. 우리는 무슨 이유로 중앙 자바가 이룬 높은 수준의 문명이 갑자기 그리고 완전히 소멸하였는지는 알 수 없다. 다만 후대의 기록으로 그 지역에 재난이 있었을 거라는 추측할 따름이다. 아마도 갑작스런 화산 폭발로 궁전이 파괴되었거나, 수마트라에서 사일렌드라 가문이 다시 상륙해서 보복했을 가능성도 점쳐지고 있다. 전념병과 가뭄과 같은 재난의 가능성도 제시되었지만, 진실은 아직까지 미궁으로 남아 있다. 이후 동 자바지역에서 다른 문명이 잠시 대두되었지만, 9세기경 중앙 자바가 이룩한 규모의 사원은 더 이상 건립되지 않았다.

보로부두르의 축조

　　보로부두르와 관련된 문헌이나 고고학적인 정보 부재로 우리는 다양한 방식으로 고대의 중앙자바문명에 속한 대탑의 위상문제에 접근해야한다. 보로부두르는 자바의 역사가 우리에게 이야기 해줄 수 있는 것보다 자바의 역사에 대하여 우리에게 더욱 많은 해답을 주고 있다. 기원후 800년경에 자바인들의 삶을 형성했던 정치와 경제적인 배경은 무엇일까? 사마라퉁가(Samaratungga)나 스리 카후루난(Sri Kahulunan)과 같은 당대의 귀족에 대하여 우리는 무엇을 알고 있을까?

　　보로부두르는 멀지않은 곳에 위치한 하천의 바닥으로부터 백만 개가 넘는 석재를 언덕 위로 힘들게 끌어올린 뒤 자르고, 고도의 미적인 감각으로 조각하여 만들었다. 이 사실 자체가 매우 중요한데, 기원후 800년경의 자바사회가 경제에 직접적으로 도움을 주지 않는 이 엄청난 사업을 지원할 수 있는 충분한 자원을 소유했다는 것이다. 당시 자바인들은 틀림없이 대규모의 석재를 운반할 수 있는 풍부한 노동력과 석재를 자르고 조각하는 숙련된 장인집단을 보유하고 있었다. 또한 이 노동자들에게 음식을 제공할 수 있는 농업생산력과 야심차고 거대한 복합프로젝트를 운영할 수 있는 잘 작동하는 사회적 시스템도 보유하였다. 보로부두르의 건설에는 몇 가지 목적이 있었겠지만, 다른 무엇보다도 가장 중요한 것

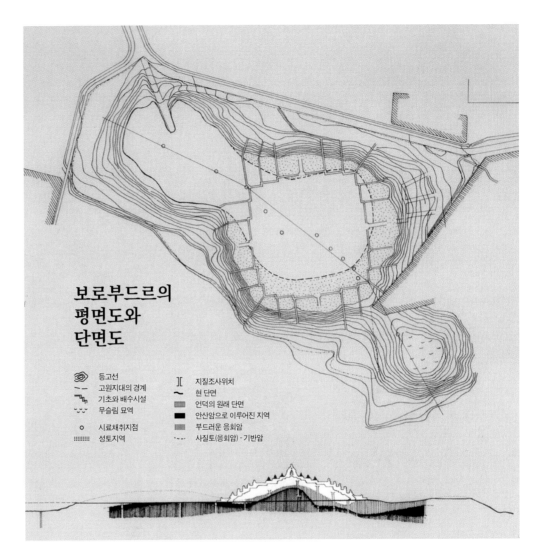

보로부드르의 평면도와 단면도

🌀 등고선
〰 고원지대의 경계
⚞ 기초와 배수시설
∿ 무슬림 묘역
○ 시료채취지점
▦ 성토지역

Ⅱ 지질조사위치
〜 현 단면
▨ 언덕의 원래 단면
■ 안산암으로 이루어진 지역
■ 부드러운 응회암
╌ 사질토(응회암) - 기반암

은 그들 삶의 품위 있는 덕성을 기르기 위하여 주로 시각적인 실체만을 조성하는데 그들이 가진 자원의 대부분을 헌신했다는 사실이다. 이와 같은 관점에서 고대 자바사회는 인류 역사상 가장 보편적인 인류애를 실현한 나라 중 하나로서 평가받을 가치가 있다.

　　중앙 자바지역에서 고대의 궁전이나 대규모의 도시와 관련된 흔적은 현재까지 발굴되지 않고 있다. 따라서 역사가들은 고대의 자바인들이 방대한 영역에 흩어져 농업에 종사했으며, 비슷비슷한 규모의 촌락에 거주했다고 추측하고 있다. 보로부두르 주변에는 민가뿐 아

보로부두르의 평면과 단면도. 실측도와 보로부두르의 지형地形과 관련된 지리학과 고고학적인 연구를 통하여 대탑 주변의 지면地面이 고대 자바의 건축가들에 의하여 재구성되었음을 알 수 있다.

19세기에 영국에서 제작된 판화. 코넬리우스의 1814년 스케치를 기초로 작성되었지만 숙련된 예술가들에 의하여 더욱 정교해졌다.

나라 승려들이 주민들로부터 음식을 제공받아 운영하는 사원도 포함된다. 보로부두르를 둘러싼 케두평원의 비옥한 토지와 풍부한 수량은 농촌의 마을을 부유하게 만들었고, 이는 보로부두르의 설계자가 이 지역을 불탑지佛塔地로 선택한 이유 중 하나였다.

보로부두르는 기원후 약 760년에 착공하여 830년경에 완성되었다. 70년 동안 작업이 지속적으로 진행되지는 않았지만, 상당히 밀도 있게 수행되었다. 때로는 대규모의 인원이 투입되었고, 때로는 소규모로 느리게 진행되었으며, 특정시기에는 공사가 완전히 중단되기도 했다.

적어도 공사과정에서 보로부두르 건조물建造物의 일부가 붕괴되었으며, 우리가 알 수 없는 또 다른 사유로 인한 적지 않은 좌절도 겪었을 것이다. 원래의 계획은 단순하고 많은 노동력이 요구되지 않았지만, 보로부두르의 설계는 몇 차례 변경되었고 새로운 시도는 더욱 많은 작업량을 필요로 했다.

강바닥에서 언덕 정상까지

자바인들이 보로부두르를 건설하는데 투입된 노동력

과 경제력을 현재의 가치로 환산하여 어느 정도의 비용이 들어갔는지 계산하는 것은 불가능하다. 당시 석재는 풍부하였고, 멀지 않은 곳에서 생산할 수 있었다. 인부들은 소가 끄는 수레를 이용하여 적당한 크기의 석괴石塊를 실은 뒤 가까운 하상에서 작업장까지 운반하였다. 그곳에서 금속 치즐(chisel, 돌에 구멍을 뚫거나 돌을 쪼아서 다듬는 쇠로 만든 연장)과 해머로 석재를 자르고 조각하였는데, 당시 필요한 주요자원은 노동력과 식량이었다.

초기단계에 석재를 끌어 올리고, 지반을 다지며 토대土臺를 조성하는데 투입된 노동자는 숙련되지 않은 일반 노동자였다. 보로부두르를 조성하는데 소요된 백만 개가 넘는 석괴의 평균 무게는 약 100kg 정도이다. 인부 한 명이 하나의 석괴石塊를 수레에 싣고 작업장까지 운반하는데 하루가 걸린다면, 100대의 수레가 투입되었다고 가정할 때 약 30년의 세월이 필요하다. 아마 또 다른 인부 100명은 암괴岩塊를 수레에 실어 내리고, 적당한 크기로 자르는데 소요되었을 것이다. 산술적으로 초기단계의 작업을 완수하기 위해서 30년 동안에 하루에 평균 400명 정도의 인력이 동원된다. 그러나 작업장은 열대우림지역으로 작업일수는 일 년의 절반정도로 추측되며, 두 배 이상의 노동력과 별도의 지원그룹이 있었다. 보로부두르의 건설은 초유의 대규모 공사로 당시 다른 불교나 힌두교 사원들도 거의 동시에 건립되었음을 고려하면, 9세기경 중앙 자바의 고대문명은 규모가 상당했다고 할 수 있다.

숙련된 기술자가 투입되어 석재를 조각하여 인물이나 동물상을 만들고, 방대한 규모의 부조를 새기는 공정工程인 두 번째 단계는 추정하기가 더욱 어렵다. 현대의 장비와 기술로 등신等身의 불상 하나를 조각하는데 약 한 달 정도의 기간이 소요된다. 만약 이와 같은 속도로 10명의 조각가 그룹이 보로부두르의 모든 불상을 조각하는 데는 약 5년이 필요하다. 부조 작업은 더욱 방대해서 몇몇 그룹으로 나뉘어 투입되었다. 작업순서는 우선 숙련된 석공이 준비된 석판에 화상畵像을 스케치하면, 도제徒弟들이 조각을 하고 다시 숙련공이 마지막 단계를 마무리 한다.

전체 공정의 최종단계는 미세한 흔적만 남기고 있어 추론에 의지할 수밖에 없다. 오늘날 우리가 보로부두르를 방문하여 눈앞에 펼쳐진 모습은 공사를 완공했을 당시와는 매우 다르다. 탑이 완성된 다음에는 표면에 흰색 회반죽을 입히고 도색을 했기 때문이다. 회반죽을 입히는 작업은 상세한 부분까지 몰딩(moulding)을 입히기 때문에 상당한 숙련도가 필요하다. 보로부두르는 현재와 같은 칙칙한 회색 덩어리가 아니었다. 드넓게 펼쳐진 케두평원의 녹색 코코넛 숲과 논 위에 떠있는 흰색 꽃 봉우리와 같았다.[17]

일부 역사가들은 대규모의 사원건축을 위하여 민중들에게 지나친 과세를 부과한 결과 중앙 자바문명의 몰락을 초래했다고 주장하나, 아마도 지나친 가설일 가능성이 있다. 작업자의 대부분은 농부며 장인으로, 그들은 신의 축복을 받기위하여 그들의 노동력을 헌상獻上한다고 생각하였다. 오늘날 발리에서 유사한 상황을 보여주는데, 그곳에서 대부분의 농민은 일정한 기술을 갖춘 장인이기도 하다. 보로부두르에서도 전체 노동력을 세포단위로 팀을 구성하여 작업하였고, 각 팀은 대부분 마을공동체로 이루어졌을 가능성이 있다. 보로부두르는 단지 거대한 탑의 규모보다, 고대 자바인의 대부분이 창조적인 재능을 소유했다는 사실을 보여주기 때문에 더욱 감동적이다.

누가 보로부두르의 건축을 지휘하였을까? 아마도 종교지도자와 건축가들이 매일 현장을 감독하였겠지만, 현장에 대한 격려와 물적 뒷받침은 통치자로부터 비롯되었다. 만약에 보로부두르가 순수한 종교적인 동기만으로 건조建造되었다고 가정해도, 그와 같은 거대한 프로젝트는 정치적인 의미를 배제할 수는 없다. 고대 인도와 중국에서 스투파의 건립행위는 때때로 정치적인 고려가 있었다. 인도의 아소카왕은 종교적인 자선행위로 전국에 84,000개의 탑을 건립하였는데, 탑을 국토주권의 표상表象으로도 여겼다. 보로부두르 대탑 역시 수많은 종교적인 기능도 있었겠지만, 정치적인 권력의 상징으로의 역할도 있었다. 스투파의 상층부는 통치자가 그의 영토를 안전하고 평화롭게 보호하는, 일명 '손톱'으로 여긴다. 파쿠(Paku)는 손톱을 의미한다. 현대 자바의 요기야카르타(Yogyakarta)의 파쿠 알람(the Paku Alam) 왕궁과 수라카르타(Surakarta)의 파쿠 부아나(the Paku Buana) 왕궁의 명칭에서 보듯이 '세계의 손톱'이라는 상징성이 현대까지도 지속되고 있다. 보로부두르에서 몇 킬로미터 떨어진 밀림 속의 또 다른 언덕도 '세계의 손톱'으로 불리는데, 고고학적인 구체적인 증거는 아직까지 발견되지 않았다.

케두평원에서 발견된 관음보살상(청동제품). 래플스의 『The History of Java』(1830)에서 참조.

누구를 위한 건축인가?

보로부두르를 둘러싼 수많은 논쟁거리 중 하나는 '누구를 위한 성소聖所며, 성소는 누구에게 개방하였는가?' 이다. 일단의 학자들은 보로부두르를 일반대중에게 부처의 행적行蹟을 가르치는 장소로 본 반면에, 다른 학자들은 선택된 자들만 상부 테라스로 입장이 가능한데, 그곳은 특별한 날에 신과 조상의 영혼이 내려오는 '신성한 장소'라고 주장한다.

인도에서 전파된 가장 이른 시기의 불교경전 중 하나인 『법화경法華經』은 '생명이 있는 것 모두 지고至高의 지혜를 받아들일 근거나 자격은 없다'고 가르친다. 그러나 불교에서 '깨달음을 위하여 개인에게 합당한 근기根氣와 의식의 정도에 따라 신도들을 몇 단계로 구분하여야한다'는 사상은 밀교가 상당한 영향력을 발휘한 이후에야 등장하였다.

보로부두르는 불교도들이 교리적으로 빠르고 정교하게 구분되기 시작하는 시기 즉, 자바에서 밀교가 태동하는 시기에 건설되었다. 반세기가 넘는 보로부두르의 건설기간에 자바의 불교는 일반대중의 종교의식과 특정계층의 것과는 차츰 구분되기 시작하였다. 보로부두르 건립 당시에 불교에서 이와 같은 대중과 귀족의 구분이 존재하였는지, 또는 의식을 위하여 비밀주의가 지켜지고 일반 백성들이 배제된 모습은 어떠했는지를 살펴보는 일이 중요하다.

밀교경전과 불교건축

보로부두르의 입구와 난간, 그리고 벽과 같은 장소는 탑의 최상층으로 오르는데 반드시 거쳐야

17_ 일부 부조는 원래(석재)의 색조가 아닌 황금색(석간주石間硃)을 띠는데, 네덜란드 식민지 시기에 오크레가 사진을 찍을 때 부조의 대비감對比感을 높이기 위하여 표면을 덧칠하였다.

하는, 즉 종교상의 위계를 보여주는 상징적인 장소다. 순례자들은 하나의 갤러리에서 다음 갤러리로 나아가기위하여 이 계단을 통하여 한 단계 더 높은 장소로 올라가야 한다. 현재 보로부두르의 지면 아래 보이지 않는 기초부분과 하층부 갤러리에 조각된 부조상의 소의경전은『인과응보경(the Mahakarmavibhangga)』『본생경(the Jatakas)』『비유담(the Avadanas)』 그리고『보요경(the Lalitavistara)』등으로 밀교계통의 경전으로는 볼 수는 없다. 그러나 상층부 갤러리에 반영된 대부분의 부조들은 3단계 탄트라의 기초서인『화엄경(the Avatamsaka Sutra)』의「입법계품(the Gandavyuba)」이 반영되었다.

3단계 탄트라에서는 비로자나불(Vairocana)이라고 불리는 최상층의 부처가 네 분의 방위부처와 함께 배치되는데, 이는 보로부두르의 불상 배치형식과 동일하다. 보로부두르 인근 멘둣(Mendut) 사원의 유명한 삼존상[18]은 금강계 만다라형식으로 3단계 만다라의 이형異形으로 보고 있으며, 이와 같은 만다라형식은 10세기경 자바의 엘리트계층 불교신도들 사이에 상당히 유행하였다(사진7). 이와 같은 관점에서 8~9세기경에 축조된 보로부두르는 3단계 탄트라의 신봉자들을 위하여 축조되었으며, 3단계에 이르지 못한 신도들은 아마도 출입이 제한되었을 가능성도 있다.

그러나 이와 같은 해석에는 아직도 해결해야할 문제점이 많다. 보로부두르에서 6번째 형식의 불상 즉, 5번째 난간에서 설법인(vitarka murda)을 결하고 있는 불상들은 3단계 탄트라에 속하지 않는다. 일부 학자들이 이 불상에 대하여 3단계가 아닌 4단계의 탄트라계인 집금강執金剛(Vajradhara)으로 보고 있으나 현재까지 정설은 없다.

멘둣 사원의 칼랑텡가 스톤(the Karangtengah stone, 824CE) 명문[19]에는 3단계 탄트라가 아닌 2단계 탄트라에 속하는 전문용어인 보살 베누바나(Venuvana)가 사용되었다. 그리고 고대 자바의 청동상도 각기 다른 단계의 탄트라에 속하는 신들이 묘사되었다. 10세기경 자바의 대승경전인『상 항 카마하야니칸(the Sang Hyang Kamabayanikan)』(위대한 대승불교)에서는 2단계 탄트라와 3단계 탄트라의 교리가 혼용되었고, 고대 발리의『상 항 나가바야(Sang Hyang Nagavaya Sutra)』경전에서도 3단계와 4단계의 탄트라 교리가 섞여있다. 보로부두르 갤러리의 마지막 장면은『관보현보살행법경觀普賢菩薩行法經』'사만타바드라(Smantabhadra)의 위대한 서원(10행원願)[20]이 묘사되었다.

아마도 보로부두르의 건설 당시에는 신도들 사이에 아직 명확한 종교적인 구분이 없었거나, 또는 있어도 규칙이 엄격하게 준수되지 않았을 가능성이 크다. 보로부두르의 정상에 오르는 계단에는 문과 같은 장애물이 없으며, 보로부두

반대편 : 보로부두르와 관련된 최초의 기록 중 하나로, 1850년 초에 스체퍼(Schaefer)가 제작한 은판사진.
첫 번째 갤러리를 덮고 있는 흙이 역설적으로 천년동안 잠들어 있는 대탑을 보호하고 있다.

18_ 역주 - 보로부두르 동쪽 3㎞ 지점에 위치한 멘둣사원은 기원 후 824년 칼랑텡가 명문에 따르면 '사일렌드라 왕조의 인드라 왕이 베누바나(venuvana)라는 신성한 건물을 세웠다' 고 기록되어 있다. 건물 내부에 유명한 삼존상(관음보살-비로자나불(높이 3m)-바즈라파니)이 안치되어 있다. 외벽을 따라 관음, 미륵, 보현, 문수보살 등과 바즈라파니가 새겨지고, 내부에는 하리티 등 보살이 부조되어 있다. 외부 계단에는 부처의 전생 부조가 조성되었다. 현재 사원의 상부 구조는 망실되었으나 탑의 형상을 취했을 가능성이 있다.

19_ 역주 - 칼랑텡가 명문은 824년에 고대 자바어와 산스크리트어로 5개의 돌에 나누어 새기었다. 명문은 보로부두르와 멘둣사원과 관련이 있다. 산스크리트 명문(1-24)은 사마라퉁가 왕의 딸 프라모다왈다니가 지나(Jina)의 성소인 지나라야(Jinalaya) 사원의 낙성식에 참가하였다고 기록되었다. 지나는 '세상의 모든 욕망을 극복하고 깨달음에 이른 자', 즉 부처를 이른다. 그리고 사일렌드라 왕조의 인드라왕과 관련이 있는 '구름의 왕'의 유해(화장)를 안치하기 위하여 건립한 베누바나(Venuvana, 대나무 숲)라는 성스러운 불교사원에 대하여도 언급하고 있다. 지나라야는 보로부두르를, 그리고 베두바나는 멘둣사원으로 알려져 있다(Dutch archaeologist JG de Casparis, while Soekmono identified it with Ngawen temple instead). 고대 자바어 명문 부분은 라카이 파타판 푸 파라(라카이 가룽, 메당 왕조의 왕)가 824년에 왕의 칙령으로 면세구역이 된 카이웅웅감 지역의 벼 경작지와 관련된 사건에 대하여 언급하고 있다(Indonesian historian Slamet Muljana suggest Rakai Garung was another name of Samaratungga).

20_ 역주- To pay homage and respect to all Buddhas. To praise the Thus Come One-Tathagata. To make abundant offerings. To repent misdeeds and evil karmas. To rejoice in others' merits and virtues. To request the Buddhas to continue teaching. To request the Buddhas to remain in the world. To follow the teachings of the Buddhas at all times. To accommodate and benefit all living beings. To transfer all merits and virtues to benefit all beings.

르 자체가 개방된 공간임을 감안할 때 성소가 모든 신도들에게 열려진 공간임을 암시한다. 보로부두르의 모든 장소는 일반대중에게 개방되었으며, 위대한 정신력을 소유한 승려들이 베푸는 일종의 '입문의식'과 같은 매우 비밀스런 의식이 테라스 상단에서 행해졌을 가능성도 현재로선 배제할 수 없다.

열대의 밀림에서 천년동안 잠들다

보로부두르는 어느 날 갑자기 역사 속으로 사라졌을까? 아니면 사원을 방문하는 순례자들이 줄어들며 점차 쇠락했을까? 기원후 928년경에 중앙자바 왕조의 문명은 역사에서 사라졌지만, 보로부두르는 완전히 잊히지 않았다. 11세기에서 15세기로 추정되는 중국의 도자기와 동전이 이곳에서 출토되었고, 14세기 자바인의 시詩에 '보로부두르는 폐쇄되었어도 순례자들의 발길은 끊임없이 이어졌다'고 읊고 있다.

자바인들은 보로부두르를 완전히 잊진 않았지만 축조 당시의 의미는 점차 사라졌다. 반역을 일으킨 자들이 그들을 방어하기 위한 전략적인 장소로 사용하거나, 방종한 왕자의 호기심의 대상이었다. 전술한 바 1709년경 반역을 일으킨 키 마스 다나의 체포사건이나, 1710년에 족자카르타의 왕자가 '우리 안에 있는 전사'를 보기위하여 1758년에 '산'으로 출발했다는 기사記事가 남아있다. '산'은 보로부두르를 지칭하며, '우리 안에 있는 전사'는 불상을 뜻하는데, 당시 불상이 존재했다는 사실이 확인된다. '누구든지 보로부두르에 올라 스투파에 안치된 불상을 보는 자에게 행운이 따른다.'는 전설도 전한다. 그러나 보로부두르를 초자연적인 힘이 있는 신성한 장소로 여겼다는 증거는 아직까지 없다.

보로부두르가 역사 속으로 사라진 이후 정글에서 되찾은 1758년까지 4세기동안에 자바인들은 이곳에서 의식을 재개하였다. 그들은 상부 테라스의 부처와 파괴된 중앙 스투파에 안치된 '미완성 부처'에게 향을 피우고 꽃 공양을 하였다. 그리고 전통적으로 자바의 젊은 여성들이 아름답게 보이도록 얼굴에 바르는 백색 쌀가루를 불상에도 칠하였다.

이 방문객들은 병으로부터 쾌유를 빌거나 결혼 후

축복받기 위하여, 때로는 그들의 중요한 가사문제를 해결하기 위하여 이곳을 방문하였다. 가장 유명한 불상은 첫 번째 테라스 동면東面에 위치한 계단의 우측에 있다. 이 부처를 현지인들은 카켁 비마(Kakek Bima)라 부르는데, 카켁은 할아버지를 뜻하며 힌두교 라마야나 설화에 등장하는 판다바 형제들 중 두 번째를 일컫는 말이다. 특히 자식을 출산하지 못하는 여인들은 이 불상을 손으로 만지거나, 불상과 가까운 테라스나 갤러리에서 밤을 꼬박 새우기도 한다. 그녀들의 행위는 물론 카켁 비마의 은총을 받기 위함이다.

라마단 무슬림의 금식월이 끝난 다음 첫째 날에는 자바인과 중국인으로 구성된 대규모의 군중들이 보로부두르에 모여들었다. 갤러리와 테라스는 인파로 가득차고, 평소 외롭고 신도들의 방문도 거의 없던 부처는 완전히 군중들에게 파묻히고 만다. 그들은 불상 주변을 돌며 가볍게 놀리거나 혹은 심지어 약간의 공포에 떤다. 그들은 하단 갤러리의 부조를 바라보며 익숙한 수많은 장면과

인물들을 다시 확인한다. 그리고 사람으로 붐비는 격자창내부의 불상 앞에서 높은 대좌위에 앉아있는 부처가 중생들의 욕망을 채워주는 시기가 다시 도래하는 것을 기원하며 공양하고 불꽃놀이를 한다.[21]

기억에서 사라진 보로부두르

보로부두르와 관련된 최초의 공식 보고서에 따르면, 보로부두르는 제멋대로 자란 나무로 무성했고 갤러리는 부분적으로 먼지가 쌓여있었지만, 소문과 달리 화산재에 완전히 파묻히지는 않았다. 본격적인 발굴은 1814년에 코넬리우스에 의하여 시작되었고 이후 간헐적으로 이루어져 1870년 초에야 제 모습을 완전히 되찾았다.

보로부두르의 아름다움을 감추고 그 위를 덮은 두터운 토층土層은 오히려 대탑을 파괴로부터 안전하게 보호하고 있었다. 대탑의 석재들이 햇볕과 비에 노출되는 순간부터 이끼, 말, 조류 등이 번식하기 시작하였다. 식물의 뿌리가 암석 표면에 침투하자, 점차 섬세한 조각의 특징이 사라지고 석재의 용해된 일부가 부패하며 산성화가 진행되었다. 현재까지 이 식물들을 꾸준히 제거하였지만 뿌리가 침투된 곳은 이미 변색의 흔적이 남아 있다. 흰색 반점은 언덕의 지하에서 물이 스며들고 뜨거운 열대의 태양아래 다시 증발되면서 탄산염과 무수규산염이 침전沈澱하며 생겨났다.

보로부두르는 단일 암반巖盤을 깎아 앉히지 않았다. 평원 아래로부터 운반된 흙을 돋우고 평탄하게 조성한 지반地盤위에 다시 2~4m 두께의 암석 블럭을 깔고 그 위에 조성하였다. 석재하단의 토층은 충분히 다지지 않아서 부분적으로 침하되었고, 물이 흙의 작은 입자사이로 조금씩 새어나온다. 시간이 지나며 약해진 기초 때문에 상부 구조물은 변형이 시작되었다. 수세기 동안 갤러리에 쌓여 있던 두터운 토층土層이 급격히 무너지는 것을 막아냈으나 복구를 위하여 흙이 제거되자 벽과 탑은 기울며 변형되기 시작하였다.

이와 같은 상태에서 대탑이 약화되고 있었지만, 식민지 정권의 대응은 더디기만 하였다. 1844년에 그들은 황폐된 중앙 탑의 상단에 대나무로 엮은 찻집을 허가하

파괴된 중앙스투파와 가설 찻집. 19세기경에 대탑을 방문하는 것은 쉬운 일이 아니었다. 1844년에 이들을 위하여 스투파 중앙상단에 찻집을 만들었다.

21_ F. C. Wilsen, "Boro Boedoer," *Tijdschrift van het Bataviaasch Genootschap voor Kunsten en Wettenschappen 1*(1852), p. 287.

였다 보로부두르의 파괴를 중지시키는 주요 프로젝트와 관련된 첫 번째 조치가 1882년에야 취해졌다. 대탑 전체를 분해하여 특정 박물관에 부조와 조각상을 보관하는 안案도 구상되었으나, 다행히도 이와 같은 조치는 이루어지지 않았다. 식민지 정부는 1883년에 대탑의 상태를 조사하는 연구단을 구성하였지만, 행동에는 옮기지는 않았다.

1896년에 식민지정권은 시암의 출라롱콘왕이 자바를 방문하여 보로부두르로부터 수레 8대분의 조각품들을 실고 귀국할 수 있도록 허가하였다. 여기에는 갤러리의 부조에서 절취한 패널 30점과 5점의 불상, 두 마리의 사자상과 괴물상 한 점, 계단과 게이트에서 절취한 몇 점의 칼라(kala) 모티프, 그리고 보로부두르 북서쪽 몇 백 미터 지점에 위치한 북킷다지 언덕에서 발견된 대형 수문신상(dvarapala) 등이 포함된다. 이 예술품 중에 몇 점(사자상과 수문신 등)은 현재 방콕국립박물관에 소장되어 있다.

데오돌 반 얼프(Theodore van Erp)의 복원

보로부두르의 운명과 관련된 당국의 무관심은 20세기 초에야 극복되었다. 보로부두르를 보존하기위한 위원회가 1900년에 구성되었고, 관련된 보고서가 1902년에 제출되었다. 식민지정부에서 최종적으로 유적을 보존하기로 결정하고, 프로젝트의 책임자로 미상의 28세 육군공병대 장교 데오돌 반 얼프를 임명하였다. 그가 적임자라는 사실은 곧 밝혀졌다.

위원회의 계획안은 적절하였고 인류의 문화유산인 보로부두르를 추가 손상으로부터 보호할 수 있었다. 유적 전체에 400개의 금속 기둥을 세우고 거대한 피라미드형 아연 철판으로 덮자는 급진적인 안案도 제출되었으나, 다행히 거부되었다. 대신 붕괴의 위험이 있는 석재는 고정시키고, 첫 번째 난간, 문과 감실, 그리고 탑은 일단 원상회복하기로 결정하였다. 배수처리와 같은 중요한 문제는 노면露面과 빗물받이(石漏槽; 괴물형상의 빗물받이)를 재시공하여 누수를 경감시킬 수 있었다. 그리고 흩어지거나 이완된 석재들은 분류하여 일정한 장소에 보관하였다.

반 얼프는 1907년 8월부터 작업에 착수하였는데, 처

원형 테라스의 복구 전 스투파들.
첫 번째(1907-1911년) 대탑의 복구 책임자인 반 얼프가 작업이 착수되기 전에 기울어진 탑 옆에 서 있다.

음 7개월 동안은 주로 대탑 주변의 고원지대를 중심으로 발굴하였다. 그는 각종 괴수상, 불두, 사자상 등과 1.7m 깊이에 묻힌 장식 단편들도 발굴하였다. 반 얼프의 원래 임무는 유적을 현재의 상태로 보전하라는 것이었지만, 그는 현장주변과 인근의 마을에서 상당한 양의 보로부두르와 관련된 석재들을 발견하였다. 1908년에 그는 난간과 감실, 하부 계단들, 문과 상부 테라스에 안치된 72존의 불상 모두를 동시에 복원할 것을 정부 측에 건의 하였다. 그의 제안은 곧 채택되었고, 프로젝트는 3년 이후에 종료되었다.

반 얼프는 붕괴된 벽과 부등不等 침하된 갤러리 바닥의 문제를 가능하면 현 상태에서 콘크리트로 보강하여 해결하고자 노력하였다. 원형 테라스와 스투파도 이와 같은 방법으로 복구하였으나, 상부의 72개 스투파는 원래의 석재가 절반이상 망실되어 신재新材로 대체하였다.

수많은 스투파가 약탈자들에 의하여 손상을 입었다. 그들은 땅 밑으로 2m까지 굴진하여 스투파를 파괴시켰다. 상당히 소중한 유물들이 탑 하단에, 혹은 내부에 매장되었을 가능성이 높지만 현재로선 확인이 불

복구되기 전 상부 원형테라스의 비참한 모습(1908년). 수많은 스투파가 과거 알 수 없는 시기에 보물에 혈안이 된 도굴꾼에 의하여 파괴되었다.

다. 부조 패널은 더욱 부식되고, 벽은 지속적으로 내려 앉고 기울게 된다. 이와 같은 위험을 측정하기 위하여 새로운 위원회가 1929년에 구성되었지만, 당시 세계대 공황과 제2차 세계대전이 발발하며 식민지 정부는 점증 하는 심각한 위험에 대체할 수 없었다.

인도네시아 정부의 복원

인도네시아의 국민 스스로가 보로부두르의 운명을 결정하고 피할 수 없는 손상으로부터 구하는 것은 당연 하다. 인도네시아 정부는 1945년부터 49년까지의 군사 혁명 와중에도 유적을 보존하기 위한 첫걸음을 내딛었 다. 1948년에 인도로부터 전문가 2명을 초청하여 보로 부두르의 보존대책에 대한 자문을 구하였다. 1955년에 는 유네스코에 도움을 요청하여 벨기에인 전문가가 현 장을 조사하였다. 그 결과 정부는 1960년에 유적의 상 태가 너무 심각하여 대책이 강구되지 않으면 심각하고 되돌릴 수 없는 손상을 입을 것이라는 결론을 내리고, 1964년에 복구를 위한 예산을 책정하였다. 그러나 갑작 스러운 정변政變이 발생하여 작업은 1년 연기되었다. 이 후 수하르토 정권이 탄생하며 보로부두르의 복구를 위 한 '5개년 계획안'이 마련되었다.

1971년에 인도네시아의 고고학회 회장인 석모노(R. Seokmono)박사 주도로 보로부두르를 주제로 중앙 자바 지역에서 콘퍼런스가 개최되었다. 당시 박사의 헌신적 인 노력으로 대규모의 복구 프로젝트가 제시되었고, 인 도네시아와 해외에서 다양한 전문가 그룹이 선발되었 다. 항공사진과 항공측량의 전문가들이 유적 전체의 정 확한 현황을 측정하고, 기상학자, 화학자, 암석분류학 자, 그리고 미생물학자들이 석재를 다루고 보존하는 최 선의 방책을 강구하였다. 건축가, 토목공학자, 지진학 자, 물리학자와 토질역학 분야의 전문가들이 구조물의 안정을 위한 대책도 마련하였다. 고고학자와 컴퓨터 전 문가들은 프로젝트와 관련된 종합적인 연구와 분야별 로 협력하기 위하여 합류하였다.

보로부두르는 종합적인 보수를 위하여 10년 동안 일 반인의 출입이 제한되었다. 유적의 바닥은 강력한 강 도의 지진에도 견딜 수 있는 대규모 콘크리트 기초공법 으로 대체 시공하였다. 유명한 부조가 설치된 갤러리

가능하다. 복원과정에서 약탈자들이 남기고 간 몇 가 지 유물도 발견되었다. 그중 하나는 12cm 정도의 부 러지고 고친 흔적이 남아있는 조악한 청동제 불입상 이 있다. 같은 스투파에서 중국 동전 2개와 또 다른 스 투파에서 유사한 동전 9개가 발견되었다. 이 동전들 은 중국에서 1403-1425년의 것으로 제작시기와 매립시 기가 다를 가능성이 있어 스투파의 역사에는 큰 도움 을 주지 않는다.[22]   14세기 동 자바인인 나가라크타가마 (Nagarakrtagama)의 시詩에 보로부두르 즉 '부둘'(Budur)이 언급되어 당시 보로부두르의 존재를 알고 있었다는 중 요한 사례가 된다.

반 얼프는 프로젝트를 수행하는 과정에서 물 처리와 관련된 중대한 문제를 해결하지 못하였다. 비가 심하게 내리면 상부 석재사이로 스며든 물이 하부 갤러리의 부 조 벽이나 바닥의 포장석을 뚫고나오고, 일부는 기초바 닥으로 스며든다. 때문에 구조 전체가 붕괴에 노출될 때 까지 대탑의 내외부의 석재가 심각하게 손상을 입게 된

22_ *Notulen van het Bataviaasch Genootschap* 47, (1909), pp. 140-
    141, 198.

는 새로운 배수체계를 도입하기 위하여 완전히 해체되었고 재조립 되었다. 우천시에 상부로부터 침투하는 누수를 방지하기 위하여 석재사이에 수평으로 연판鉛版을 삽입하고, 방수용 충진재인 타르를 내외부의 수직으로 맞물린 틈에 꼼꼼하게 주입하였다. 그리고 석재내부에 배수용 파이프를 매립하여 스며든 물이 건물로부터 신속하고 안전하게 외부로 배출되도록 유도하였다.

이와 같은 대규모의 보수를 위하여 약 29,000㎡에 달하는 백만 개가 넘는 석재를 통째로 철거해야 했다. 이중 170,000개에 달하는 외부석재는 닦고 정비하였으며, 일부는 대체하였다. 보로부두르의 상태를 영구적으로 측정하기 위하여 실험실이 설치되었고, 연구를 위한 사무실도 마련되었다. 프로젝트를 위한 전체경비 이천오백만 달러 중에 육백오십만 달러는 해외기금으로 충당했으며, 나머지는 인도네시아 정부의 예산으로 집행하였다. 대통령 수하르토는 1983년 2월에 프로젝트의 종료를 선언했다. 대통령은 유명한 인도네시아 시인인 차이릴 안위(Chairil Anwar)의 시구詩句를 인용하며, 보로부두르가 앞으로 천년을 더 살아있을 것을 기원하였다.

오늘날의 보로부두르

보로부두르는 이제 세계에서 가장 잘 보존되고, 가장 인기 있는 고대 유적 가운데 한곳이 되었다. 매년 백만이 넘는 인파가 이곳을 방문하는데, 그들은 대부분 인도네시아의 이슬람교도들이다. 자바인들은 보로부두르를 자랑스럽게 생각하지만, 이곳을 종교성지보다 유람을 위한 적절한 장소로 여긴다. 불교도와 힌두교도는 모두 인도네시아 전체인구 1억 8천 5백만 명 중에 약 3%에 해당한다.[23] 그럼에도 불구하고 불교는 인도네시아 정부로부터 이슬람교, 발리의 힌두교, 개신교와 천주교 등과 함께 5대종교로 인정을 받고 있다.

중앙 자바에는 보로부두르에서 3㎞ 떨어진 멘둣을 포함하여 몇몇 지역에 고대의 불교사원들이 흩어져 있다. 유명한 바이시키(Vaisaka) 불교축제는 수년간 해마다 보로부두르에서 열렸지만, 복구기간 중에는 맨둣 지역에서 개최되었다. 1983년 복구된 이후에도 인도네시아

1983년에 주로 인도네시아 정부의 기금과 유네스코 및 다양한 국가들과 단체들의 도움으로 복구 작업(1974-1983년)이 완료될 수 있었다.

정부는 보로부두르에서 개인적인 기도나 명상 외에는 지방정부의 축제를 허가하지 않아 맨둣에서 축제는 지속되었다.

축제는 1953년 7월2일자 인도네시아의 신문매체인 '내셔널'에 다음과 같이 보도되었다.

"5월26일에서 29일까지 불교도들이 보로부두르와 메겔랑에서 개최한 바이삭 축제는 이제 종료되었다. 인도네시아가 독립을 선포한 이래 가장 큰 축제였다. 축제는 불교와 유교, 그리고 도교의 추종자들로 구성된 '삼 카우 협회'가 주도하였다. 약 2,000명의 불교도들과 추종자들이 모여 그들에게 연중 가장 성스럽고 축복받는 날인 바이삭일을 기념하였다. 이들은 특정한 국가나 인종으로 구성되지 않았다. 중앙 자바에 몰려든 수많은 관광객들도 호기심 때문에 함께하였다. 축제는 이제 종교의식이라는 신성한 권위는 점차 사라지고 관광객을 위한 행사로 변해갔다"

"사람들은 이른 아침에 보로부두르에 모여들기 시작하였다. 11시50분, 보로부두르의 정오가 다가

23_ 역주 - 2017년 기준 인도네시아 인구는 2억 6천만 명.

대통령 수하르토와 영부인 티엔 수하르토
가 복구가 끝난 직후(1983/2/23) 두 번째
준공식에 속모노 박사(R. Soekmono on
Mdme Tien's left)의 안내로 보로부두르를
방문하고 있다.

오자 순례자들에게 명상의 시간을 알리는 북소리가
울려 퍼졌다. 사람들이 계단을 통하여 보로부두르
의 정상에 오르는 동안 북소리는 계속되었으며 더
욱더 요란해졌다. 주최 측에서 사람들에게 탑에 오
르지 말 것을 권고하였으나, 그들은 불교축제를 직
접 보기위하여 주의를 기울이지 않았다"

"정확히 12시, 머리 위 정오의 태양이 가장 뜨거
우며 명상을 위한 최고의 시간이다. 몇 시간 전에
내리친 번개로 수리중인 가장 높은 탑을 제외하곤,
탑들의 상륜은 자랑스럽게 푸른 하늘 높게 치솟아
있다. 스투파는 뜨거운 태양의 섬광을 견디지 못한
그들을 위하여 그림자를 드리운다"

"관광객들도 명상에 참여하도록 초청을 받았다.
그들은 가부좌를 틀고 마음속으로 부처를 찬양하
며 태양을 향하여 약10분 동안 명상을 한다. 그들은
제마다 자리에 앉아서 양산을 펴고 선글라스를 쓰
고 있지만, 모두 맨발로 참여하고 있다"

"축제가 시작되기 전에 불교의 오방색(푸른색, 노
랑, 붉은색, 흰색, 황색) 깃발이 휘날리며 북소리와 염
송이 울려 퍼진다. 이 다섯 가지 색은 통합을 의미

하며, 부처를 상징한다. 오방기 게양揭揚의식이 마
치면, 스리랑카 대사가 불교의 기본사상인 '세속5계
명'을 직접 낭독한다. 나는 살상하지 않을 것이며,
나는 도둑질하지 않을 것이며, 나는 간음의 죄를 짓
지 않을 것이며, 나는 거짓말을 하지 않을 것이며,
나는 나의 생각에 영향을 미치는 물질을 사용하지
않을 것이다"

"3명의 어린소녀가 '자바 망갈라 가타(Java
Mangala Gatha)'를 노래하고, 이어서 사랑과 평화를
위한 설교와 명상이 이어진다. 마지막으로 꽃과 과
일을 공양하는데, 이 의식은 바이삭 축제에서 가장
중요한 행사로 흰색 아스트라 꽃과 황금색 바나나,
망고, 오렌지를 불상에 공양 한다"

인도네시아인의 대부분은 현재 무슬림이지만 그들
의 신앙행위는 상당히 다양하다. 원리주의를 신봉하고
코란의 계율을 추종하는 신도가 있는 반면에, 보로부두
르의 불교축제와 유사한 요소를 지닌 이슬람의식을 따
르기도 한다. 수많은 자바인들은 정신적인 영험을 갈구
하며 동굴이나 산의 정상에서 명상을 수행한다. 모하메
드 자신도 알라로부터 계시를 받기 전에는 동굴에서 명
상을 하였다.

북킷 메노레(Bukit Menorh)산은 험한 석회암 언덕으
로 보로부두르 남쪽에서 3km지점에 솟아있다. 그곳에는
고고학 유적이 산재하며, 오늘날에도 명상을 위한 장소
로 유명한 곳이 많다. 보로부두르에서 바라보는 언덕너
머 수 킬로미터 지점에 위치한 센당소노(Sendangsono)라
불리는 온천지역은 자바의 기독교인들에게 신성한 장
소로, 그들은 가끔 기도하기 위하여 이곳을 방문한다.
보로부두르가 건립된 이후 천년동안 종교교리를 둘러
싼 수많은 논쟁거리가 시작되고 다시 사라졌지만, 삶에
대한 관용과 자비와 같은 근본적인 철학은 아직도 우리
곁에, 그리고 자바인의 생활 속에 살아 숨쉬고 있다.

보로부두르 동측에 개설된 고고학공원을
관통하는 수백 미터의 정원과 보행로. 천 년
전 신도들이 꽃 공양을 하였던 길을 따라 정
원과 도로가 조성되었다.

케두평원의 고고학적인 성과

보로부두르 부근에서 수많은 고대의 유물이 발견되었다. 북서쪽 언덕위에는 정부가 세운 관리소가 수년간 자리를 지키고 있었다. 인도네시아의 혁명기간에 이 관리소가 패쇄되며 고고학자들은 본격적인 연구를 할 수 있었다. 그들은 지하1.5-2.0m 지점에서 수 백점의 질그릇 조각 단편들과 인도네시아에서 상당히 보기 드문 수천점의 구리 못을 발굴하였다. 구리 못은 2개소의 벽돌기초와 17개소의 목재기둥용 석재기초가 남아있는 건물지建物址부근에서 발견되었다. 과거에 이곳에 틀림없이 대형 누각이 있었으며, 오늘날 자바지역에서 흔히 볼 수 있는 전통 펜도포(pendopo)형식(사진8)의 건물일 가능성이 많다.

대형 청동제 종鐘과 작은 금속제품들, 그리고 스투파 단편과 19세기에 만들어진 상당량의 금장식물도 발견되었다. 금장식물은 대형 원형 귀고리 3점과 비대칭형식의 개구부가 달린 작은 장식물 2점, 그리고 타원형 홈에 독특한 스리(sri) 문자가 새겨진 반지 1점 등이 있다.[24]

1970년 최근 복구가 시작될 무렵에, 당대唐代(AD618-906)에 만들어진 중국 도자기 4점이 서쪽 언덕에서 우연히 발굴되었다. 그리고 지하1.2m 깊이에서 발굴한 두 점의 숫돌과 청동제 광배 한 점, 불교의식에 사용된 천둥번개를 상징하는 3날 청동제 금강저金剛杵 한 점 등이 있다.[25]

1983년에는 보로부두르 남쪽과 서쪽 기초부근에서 시도한 추가 발굴에서 건물잔해(약간의 벽돌들, 석재와 작은 둥근 강돌)와 부엌 폐기물(자바와 중국도기, 목탄조각, 동물치아와 뼈 등)도 발견되었다.

1974년에 고고학자들은 보로부두르 언덕의 남쪽자락에서 285개소의 시굴試掘을 실시하였다. 이곳에서 14,000점에 달하는 고고학 단편을 발견하였는데, 자바에서 실시한 고고학조사 중에서 최대 규모다. 발굴된 일부 질그릇은 인도네시아의 전통방법으로 젖은 진흙을 나무 방망이로 두들겨 만든 것이며, 자기 파편들은 12가지의 다양한 방법으로 제작된 생활용품들이다. 요리하고 저장하는 그릇, 물병, 수반, 화병, 물병, 접시, 램프, 그리고 대형 용기를 고정시키는 목 가구 한 점도 포함되어 있다. 2-3개의 작은 구리 컵에는 내부에 너트와 같은 과일을 담았던 흔적이 남아 있다. 이중에 완성품은 6점에 불과한데, 이 출토품들은 일상적으로 사용된 물품이 아니라 스투피카 축제나 봉헌예식에 임시적으로 사용되었을 가능성이 많다.

발굴된 도자기 총량의 약 3%는 중국산으로, 일부는 당대에 속하며, 다른 대부분은 송(10-13세기)대까지 다양하게 분포되어 있다. 이곳에서 발견된 중국제 동전과 도자기는 중앙 자바지역에서 왕실문명이 사라진 이후에도 순례자들이 지속적으로 보로부두르를 방문했다는 사실을 보여주고 있다. 또한 순례자들을 위한 주요 시설이 탑의 북서쪽에 있었다는 오래된 가설도 발굴을 통하여 입증되었다.

스투파, 스투피카 그리고 명판[26]

상당량의 중요한 종교유물도 보로부두르에서 발견되었다. 석상石像 단편들, 아연-구리로 상감된 조각, 한 줄의 명문이 새겨진 은제 접시, 252점의 명판銘板, 2,307점의 스투피카(봉헌탑奉獻塔)가 포함된다. 스투피카는 크기가 4-13.5cm 정도인 소형 스투파를 지칭한다.

24_ *Laporan Tahunan Dinas Purbakala Republic Indonesia 1951-52*(published 1958): photo 32 and p.14. 금반지와 동전은 1800년도 중반에 보로부두르의 근처에서도 발견되었다; *Tijdschrift van het Bata viaasch Genootschap van Kunsten en Wettenschappen 2*, p.ⅤⅡⅠ; H. C. Millies, *Recherches sur les Monnaies des Indigenes de l'Archipel Indien et de la Peninsule Malaie*(1871), pp.10-11, plate Ⅰ nos.4-5.

25_ Photographs of the bronze vajra, bell, and statue piece are found in A. J. Bernet Kempers, *Ageless Borobudur*(Wassenaar: Servire, 1976), p.16, photo 9, and p.18, photos 13-14.

26_ Boechari, "Preliminary report on some archaeo logical finds around the Borobudur temple," *Pelita Borobudur CC/5*, 1976(published in 1982), pp.90-95.

스투파, 즉 탑은 불교가 전파된 지역에서 흔히 발견되며, 유골(사리함)이나 경전, 불상 등 귀중한 물품들과 함께 매장되어 있다. 몇몇 대규모의 탑들은 석가모니의 진신眞身을 화장한 후 성스러운 유골을 안치하기 위하여 건립되었다고 전한다. 스투파는 보통 단순한 원형이나 방형의 기단위에 반구형이나 종鐘 형태의 안다(anda)나 탑신이 놓이고, 상단에 사리가 보존된 하르미카(harmica)와 다층구조의 산개로 구성되어 있다. 탑들의 숲(탑림塔林)으로 불리는 고승들의 유해遺骸가 안치된 부도가 자바의 불교사원인 플라오산이나 칼라산 주변에 있었다.

보로부두르의 일부 스투피카에는 서기 900년 이전에 통용된 불교경전의 경구가 새겨져 있다. 이와 같은 고대의 스투피카는 상당히 광범위한 지역에서 발견되고 있다. 주로 족자카르타에서 북서쪽으로 7㎞지점에 위치한 종케(Jongke), 족자카르타 동쪽의 칼리베닝(Kalibening, 칼라산), 자바 동부의 바뉴왕기(Banyuwangi) 부근의 문카(Munkar), 발리의 페젱(Pejeng), 남수마트라의 팔렘방(Palembang)과 가까운 고대왕국 스리비자야 등이 대표적이다. 스투피카는 태국의 남부나 말레이 북서쪽에서도 발견되었다. 1989년에 고고학 국립연구소에서 팔렘방에서 발견한 청동제 거푸집은 보로부두르지역에서 발굴된 스투피카를 대량으로 생산할 수 있는 거푸집으로 확인되었다.

우리는 고대의 인도네시아에서 스투피카나 봉납판(votive tablets)이 어떻게 사용되었는지는 알 수 없지만, 다른 지역의 사례를 통하여 유추할 수 있다. 태국에서 스투피카는 가끔 경건한 고승들의 유해를 화장하고 남은 재와 진흙을 섞어 만든다. 티베트 승려들은 신들의 형상을 새긴 인장 형태의 스투피카나 불교경구를 새겨 만든 봉헌판을 진흙으로 만들어 호부護符로 지니고 다닌다. 때론 보리나 밀과 같은 곡식가루를 진흙과 함께 섞어 스투피카를 만드는데, 풍년을 기원하거나 감사하기 위함이다. 티베트지역에서 제작된 스투피카가 순례승에 의하여 아주 먼 지역에

서 발견되기도 한다. 티베트지역의 스투피카에서 유행한 비로자나불, 아미타불, 아민여래상(부동명왕) 역시 자바에서도 유행하였다.

보로부두르에서 발견된 스투피카는 부조상과 마찬가지로 형식이 다양하다. 그중에 절반정도는 상하가 길어진 복잡한 형태며, 일부 스투피카 주변에는 8개의 작은 스투파가 장식되었다. 이와 유사한 완전한 형태의 스투피카가 거리가 먼 수마트라(켄디 벙수Cendi Bungsu)에서 한 점이 발견된 사실은 매우 흥미롭다. 스투피카의 기초형식은 원형, 사각, 육각형, 타원형 등 매우 다양하다. 지금까지 발견된 스투피카의 약 5%에 명문이 새겨져 있다. 스투피카는 보로부두르 주변에서 생산된 진흙과 유사한 노랑-다갈색이며, 모래와 소량의 석회를 섞어 만들었다. 아마도 보로부두르의 남서쪽에서 스투피카를 대량으로 생산했을 가능성이 높지만, 지금까지 거푸집이 발견되지 않아 이와 같은 가설에는 한계가 있다.

종교적인 신앙의 상징인 봉헌패가 스투피카와 함께 한 곳에서 252점이 출토되었다. 봉헌패는 순례자들의 의식행사에서 중요한 역할을 한다. 출토된 봉헌패에는 다양한 종류의 스탬프로 제작되었는데, 대부분 부처나 보살상, 또는 4-5열의 스투파가 각인되어있다. 버마(미얀마)지역에서 봉헌패는 주로 귀족들이 자신과 그의 권속들에게 부처님의 자비를 빌기 위하여 만들었다.

봉헌패가 매몰된 부근에서 2점의 두루마리 형식의 은판銀板도 발견되었다. 은판에는 의식 중 암송을 의미하는 '다라니'라고 불리는 불가사의한 불교경구가 새겨져 있다. 다라니는 일종의 기억술과 주문呪文으로 특정 문자체계의 비밀을 해석하지 못하면 번역하거나 이해할 수 없다. 티베트지역에서는 부처의 경지에 도달하기 위한 마지막 단계인 '시왕(Lord of the tenth earth)'의 경지에 도달하기 위하여 스투피카에서 다라니를 암송해야한다고 믿고 있다.

역시 동일지역에서 발견된 동판銅版에 새겨진 긴 명문도 현재까지 충분히 번역하지 못하고 있다. 명문 중 일부는 보로부두르에서 수행되었던

불교종파를 이해하는데 중요한 '대금강승大金剛乘' 또는 '위대한 금강'이 새겨져있다.

보로부두르의 남서쪽을 발굴했던 고고학자들은 대탑의 복구공사로 인하여 상당한 애로를 겪었다. 유물이 출토된 발굴지역에 대탑의 해체과정에 운반된 대량의 석재를 임시로 적치했기 때문이다. 고고학자들의 눈앞에서, 또는 모르는 사이에 건설 중장비가 발굴중인 층위層位를 손상시켜 상세한 현장의 역사를 복원할 수 없었다.

이와 같은 수많은 난관에도 불구하고 우리는 적어도 대탑을 방문한 순례자들을 위한 대규모의 승원이 언덕의 남서쪽에 위치하였고, 대탑의 북서쪽 언덕 정상에 존재했던 누각은 수많은 순례자들을 충분히 수용할 수 없어 특정의식을 행했을 가능성이 있다고 보았다. 그동안 수집한 수많은 유물을 통하여 대탑의 편년編年과 케두평원에 살았던 자바인들의 삶, 그리고 당시 보로부두르의 종파宗派, 소의경전과 관련된 많은 정보를 얻게 되었다.

고고학자들은 또한 대탑주변 반경 5㎞ 범위에서 30개소가 넘은 고대의 사원지도 발굴하였다. 현재 대부분 소량의 벽돌이나 석재잔존물만 남아있다. 이 지역에서 발견된 인물상들은 대부분 불교보다 힌두교에 속한다. 켄디 바논 부근에서 출토된 몇 점의 대형 상들은 현재 자카르타의 국립박물관에 소장되어 있지만, 상이 출토된 현지에는 현재 아무것도 남아 있지 않다.

보로부두르의 건설 당시나 이후에 이 지역에 존재했던 사원의 규모나 성격을 추측하는 것은 불가능하다. 아마도 보로부두르시대에도 수많은 자바인들이 불교는 물론이고 힌두교도 꾸준히 신봉하고 있었다고 유추된다. 결론에 도달하기 위하여 더욱 많은 연구가 필요하지만, 보로부두르를 건설했던 사회는 도시의 거주자와 지방의 순수한 농민으로 구분되지 않았다. 대신에 보로부두르는 케두 지역에서 지금처럼 생활하는 평범한 자바인들에 의하여 계획되고 건설되었다.

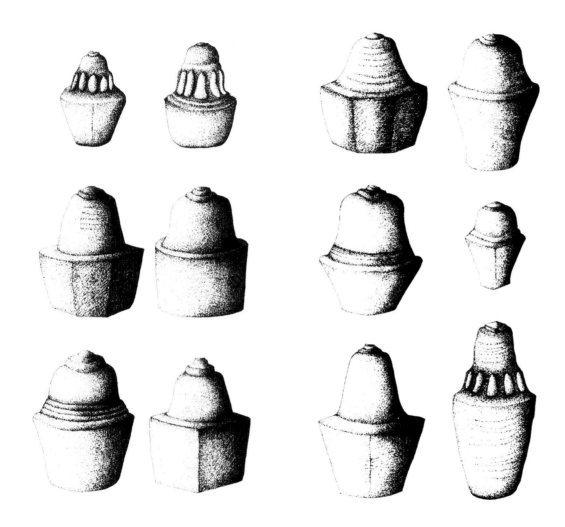

1974년 보로부두르의 서남쪽에서 진행된 시굴試掘 중 발견된 다양한 형상의 스투피카(stupikas).

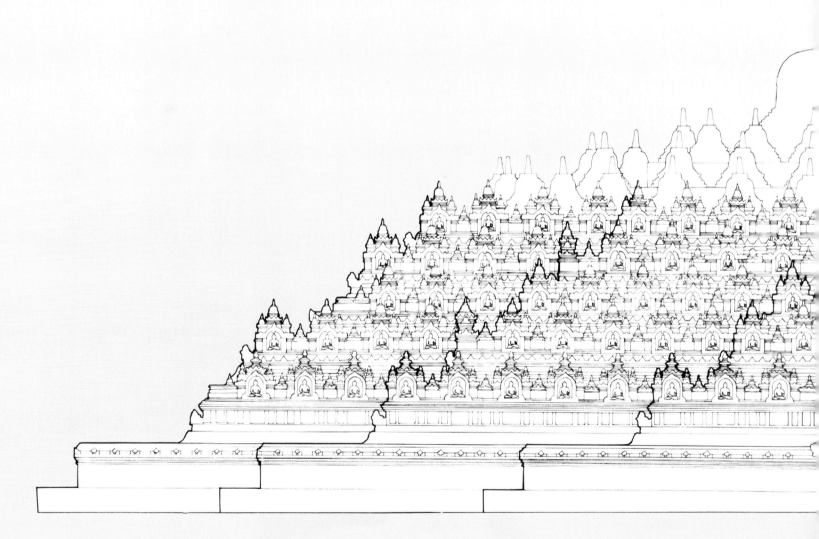

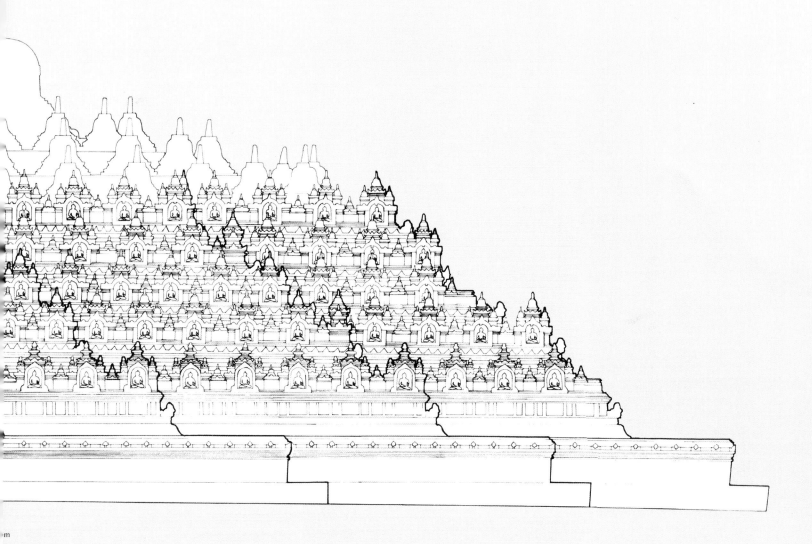

m

제 2 장

건축과 상징성

개론

사방이 높은 산으로 둘러싸인 비옥한 케두 평원 한 가운데, 약 15m 높이의 언덕위에 위치한 보로부두르는 드넓은 신록의 논과 코코넛 숲의 바다를 바라보고 있다. 북쪽과 동쪽에는 3,000m가 넘는 원뿔형 화산들의 장엄한 행렬이 이어지고, 남쪽으로 1,000m 높이 톱니바퀴 모양의 석회암 절벽이 지평선을 가로지르고 있다.

케두 평원은 과거 천년동안의 화산폭발로 퇴적된 부드럽고 두터운 토층土層으로 이루어졌다. 해마다 2,000mm의 열대성 폭우가 쏟아지는데, 이 엄청난 양의 강우降雨는 수천 년 동안 관개시설이 잘 갖추어진 조각보 같은 논과 정원을 적신 후 흡수되거나 뜨거운 태양아래 증발하지 않은 물은 엘로 강과 프로고 강을 따라 두 개의 협곡사이를 감아 돌며 흘러간다. 두 강은 보로부두르의 남동쪽에서 멀지 않은 지점에서 합류하고 다시 남쪽으로 45㎞정도 흘러가다 마침내 파도가 일렁이는 인도양에 도달한다.

케두 평원은 외부 세계로부터 단절되었다. 이 지역은 가치 있는 광물이나 무역상들이 탐낼만한 상품도 없었다. 오직 골짜기를 빠져나온 물길만이 파도가 밀려와 파괴된 거친 남쪽 해안으로 인도한다. 해안에는 항구도 없다. 먼 곳의 남극대륙을 제외하고는 조그마한 섬도 존재하지 않는 망망대해다. 이곳의 풍광은 가장 순수한 형태의 자바로 남아있으며, 지나칠 정도 풍요로운 섬은 자연스럽게 바다보다 내륙에 시선을 머물게 한다. 보로부두르는 외부 세계로부터 쉽게 접근할 수 있는 장소에 건립되지 않았다.

보로부두르는 독창적이다. 외형은 정상으로 오를수록 좁아지는 피라미드형식이며, 몇 단계의 동심형同心形 테라스로 조성되었다. 지붕도 없고, 아치형 천정이나 내부공간도 없는 이 석조건조물石造建造物은 몰탈(mortar)을 사용하지 않았다. 외견상의 단조로운 모습은 엄청나게 풍부하고 복잡한 장식으로 균형을 이루고 있다. 아마도 무엇보다 충격적인 것은, 전체 약 1,460개에 달하는 대형석재 패널(panel)에 조각된 총 면적 1,900㎡의 아름다운 부조상과 부조를 둘러싸고 있는 600㎡의 장식용 조각이다(부조 2,500㎡는 인간의 키(1.7m) 높이로 환산하여 약 2,000m의 길이 - 역자). 테라스 주변에는 화산암을 통째로 조각한 실물크기의 504존(尊)의 불상이 배치되었고, 기타 다양한 건축용 장식물들이 모퉁이와 틈새마다 가득 채워져 있다.

순례자의 탐방로

이곳에 도착한 고대 자바의 순례자들은 신성한 인간들이 조성한 산을 오르며 정신적인 자비로움을 체험한다. 보로부두르는 불자佛者가 보살의 단계에 도달하기 위하여 10단계의 육체와 영적인 수행을 경험하는 장소다. 평범한 인간이 보살로 향하는 즉, 부처가 되는 변화의 과정을 체득하는 곳이 바로 보로부두르의 주요 조성 목적이다. 대탑 전체의 설계와 부조의 내용도 이와 같은 목적과 직접적으로 관련이 있다.

순례자들이 보로부두르에 도착하여 대탑과 처음 마주했을 때, 오늘날 우리와 마찬가지로 안개 속에서 차츰 들어나는 거대한 탑의 규모에 위압감을 느꼈을 것이다. 보로부두르는 우리가 계단과 갤러리, 테라스, 그리고 각종 조각들 사이로 미로迷路를 탐험하는, 마치 무언가 이미 준비되어 있을 것 같은 의미심장한 분위기를 풍긴

전장; 108존(전체 432존)의 감실불상이 배치된 대탑의 정면도로 불상은 5단의 테라스 난간 벽에 조성되었다. 이 감실불상은 산의 정상에서 명상하고 있는 수행자를 암시한다고 한다. 감실불상위의 원형 테라스에는 스투파가 3단으로 조성되어 있다. 스투파의 탑신마다 외부에서는 잘 보이지 않는 일명 '보이지 않는 불상'이 안치되어 있다. 불상의 외부가 격자형 구멍이 규칙적으로 뚫린 석재 창으로 마감되어 자세히 보아야 내부의 불상이 드러난다.

반대편 : 보로부두르의 첫 번째 갤러리의 주벽을 묘사한 판본으로, 래플스의 『The History of Java』(1830)에 실려 있다. 1814년 코넬리우스의 드로잉을 기초로 묘사된 이 부조는 실제와는 상당한 차이가 난다.

상단 : 북측에서 바라본 보로부두르의 조감도 방문객들이 상부 원형 테라스에서 부처가 안치된 스투파 주변에 모여 있다. 자바인들은 카켁 비마(Kakek Bima)로 불리는 이 부처가 신비한 능력을 갖고 있다고 믿는다.

반대편 : 만다라 형상의 보로부두르 평면도. 보로부두르는 연꽃으로도 자주 비유되는데, 상부 원형 테라스에 조성된 삼중동심형三重同心形의 스투파가 연꽃의 중심에 있는 씨방의 형상과 유사하다.

다. 등정을 시작할 때면 무슨 일이 일어날지 우리가 경험을 통하여 알 수 있는 것은 사실 아무것도 없으며, 곧 그 위압감에 굴복되고 만다.

오늘날 우리가 보고 있는 대탑의 가장 낮은 층은 장식이 없는 평범한 정사각형(113m×113m)의 기초로 축조 당시의 모습과는 상당히 다르다. 당시 축조과정에서 상부하중을 견디지 못하고 이 기초부분이 붕괴되었을 때, 새로운 대형 패널로 기초를 덧대어 보강하면서 기존의 패널을 포함한 주변의 장식물들은 지하로 사라지고 말았다. 최초의 설계자는 보로부두르의 기초 주변에 160개의 부조 패널(200㎝×67㎝)을 설치하였다. 부조 패널은 우아한 곡선으로 만들어진 몰딩과 몇 개소의 사각형 돌출부로 장식되었다. 부조의 내용은 『대인과응보경大因果應報經』(the Mahakarmavibhangga)에서 발췌한 '천국과 지옥의 장면'으로, 보로부두르에 처음 도착한 방문객들이 대탑을 돌며 경전의 내용을 체험하도록 하였다. 원래의 기초(일명; 감추어진 기초'hidden foot')와 장식은 1885년의 발굴과정에서 발견되었으며, 현재 대탑의 남쪽 코너에 일부가 노출된 채 남아있다. 우리는 이곳에서 4장의 부조 패널과 몰딩의 원형原形을 확인할 수 있다.

대탑 하부 4측면의 중앙에는 각각 지상에서 긴 계단을 이용하여 최상층부의 테라스까지(약 26m) 오르도록 되어있다. 첫 번째 단까지 계단은 3부문으로 구성되었고, 입구 좌우에는 입 속에서 사자를 잉태하는 '마카라(makara)'라는 전설의 괴수상이 배치되었다. 첫 번째 계단의 끝에는 더욱 괴이한 괴수의 머리가 조각되어 있고, 계단의 좌우측 두 번째 경사부분은 자바미술에서 흔한 삼각형 소용돌이 문양이 새겨져 있다.

첫 번째 계단을 오르면 테라스 상단 대탑의 주변으로 폭 약 4m의 보행로가 설치되어 있다. 고대의 순례자들은 이곳에서 탑돌이 의식을 시작한다. 대탑의 우측 갤러리 외벽(공식명칭은 난간 외벽)에는 탑의 주변을 걷는 보행자가 쉽게 볼 수 있도록 일단의 부조상이 연이어 조성되었다. 천인과 악마병사들, 보석이 매달린 나무, 화병, 소라, 그리고 다양한 상서로운 주제가 조각되어 이곳이 외부로부터 보호해야하는 신성한 장소임을 암시하고 있다.

대탑 4면 난간의 상단에는 감실에 모셔진 104존의 부처상(좌상, 높이 106㎝)들이 무표정한 얼굴로 사방을 응시하고 있다. 원래 1단에는 104존(각 면마다 27존씩 배치됨)의 부처가, 2단에는 104존, 3단에는 88존, 4단에 72존, 최상층에는 54존이 조성되었는데, 현재 상당부분이 망실되어 대체되었다.

갤러리

첫 번째 계단을 오르면 대탑 주변으로 테라스 상단에 폭 2m의 통도通道가 마련되어있다. 통도의 좌우측 석벽石壁(난간 위의 외벽과 내벽)에는 부조가 장엄하게 장식되어, 이곳을 일명 '보로부두르의 갤러리'라 칭한다. 방문객들은 어느 곳이든 대탑의 4면에서 계단을 이용하여 첫 번째 갤러리에 도달할 수 있다. 그러나 고대의 순례자들은 수행과 경전의 내용을 익히기 위하여 주로 이야기가 시작되는 동쪽의 계단을 이용하여 입장하였다.

대탑 주변의 테라스는 모두 4단으로 구성되어있다. 각층마다 유사한 갤러리가 설치되었다. 테라스는 상부로 올라갈수록 크기가 축소되는 즉, 공중에서 보았을 때 동심형同心形 사각형 박스 4개가 겹쳐있는 형상이다. 첫 번째 갤러리는 한 변이 88m로 대탑을 한 바퀴 도는데 전체 약 360m다. 이와 같은 방식으로 두 번째 갤러리는 320m,

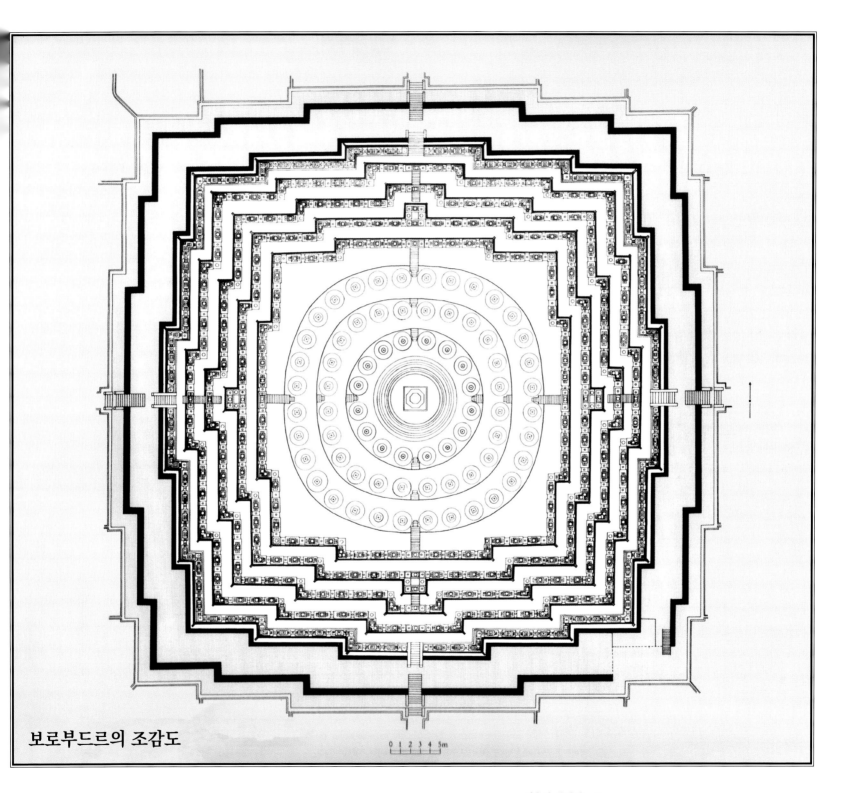

보로부드르의 조감도

0 1 2 3 4 5m

보로부두르의 첫 번째 갤러리. 방문객들이 일단 갤러리에 들어서면 하늘을 제외하고 외부와는 완전히 단절된다.

때, 부조가 순례자의 시선에서 무한히 확장되는 것을 방지하는 효과가 있다. 이는 부조의 내용에 집중할 수 있도록 하며, 지루할 수 있는 탐방로가 방향이 전환되어 순례자가 활기를 띠게 된다. 갤러리의 부조는 대부분 지정된 장소에서 감상하여야 하나, 코너 부근은 먼 곳에서도 걸어가며 감상할 수 있다.

코너의 패널 상단에 삼각형 장식이 있는 처마용 막새가 있고, 이곳에 설치된 수조水曹는 하단이 마카라 형식이지만 상단은 칼라의 얼굴이 조각되었다. 수조 상단에 불상이 안치된 감실은 중앙 상단에 칼라가, 좌우측 필라스터 기둥 상부에는 손에 마카라를 쥐고 있는 인간 형상의 가나(gana)가 조각되어 있다.

우리는 첫 번째 갤러리로 입장하는 순간 미스터리한 신화의 세계로 던져진다. 패널에 조각된 수백 명의 군상群像들은 모두 성장盛裝을 하고 건물과 수목사이에서 중요하지만 그러나 이해하기 힘든 무언가에 몰두하고 있다. 묘사된 장면들은 대부분 개인의 행위보다는 알 수 없는 스토리를 더욱 중요시 하는 듯 보인다. 전문가의 부가적인 설명이 없으면 갤러리의 장면은 일반인이 판독하기 어렵다. 그러나 복잡한 장면들은 아름답고 잘 생긴 인물들의 밝은 표정에서 무서운 느낌보다는 평온함이 느껴진다. 흉하고 공포감을 주는 괴수나 악마들마저도 유머러스하며 겸허한 느낌을 준다.

첫 번째 갤러리의 느낌은 특히 장엄하다. 이곳의 석벽 좌우에는 부조 패널이 상하 2단으로 설치되었다. 순례자가 진행하는 방향으로 우측 주벽에 대형 패널 2개가, 그리고 반대편 난간 외벽에도 소형 패널 2개가 설치되었다. 스토리의 각 장면은 장식용 필라스터(pilaster) 기둥과 당초문양으로 구획區劃되었다. 패널 하부의 비교적 넓은 기단에는 각종 사물, 군상들과 동물들이 가득 조각되어 있다. 외벽 난간 후면에, 즉 불상이 안치된 감실의 후벽後壁에는 매우 아름다운 보석 모티프가 조각되었다. 갤러리 상단의 감실마다는 소형 스투파가 조각되어 있다.

보로부두르 갤러리에 조각된 부조의 내용은 순례자가 대탑을 오르면서 점차 복잡해지고 더욱 추상적으로 변해간다. 순례자가 대탑을 오르는 육체적인 여정旅程이 바로 이 환영의 세계로부터 탈피하여 지혜와 깨달음의 세계로 나아가는 과정이다.

세 번째는 288m, 네 번째는 256m에 달한다. 4개 테라스의 갤러리를 모두 합하면 전체길이는 1,200m이다.

첫 번째 갤러리에는 측벽좌우에 상하 각 2조씩 모두 4조의 부조[외벽(난간의 벽)에 2조, 내벽(주벽)에 나머지 2조가 조성되었다. 두 번째 갤러리에 오르기 전에 방문객은 첫 번째 갤러리를 모두 감상하기 위하여 테라스를 동일한 방식으로 모두 4바퀴 돌아야 한다. 두 번째와 세 번째, 그리고 네 번째 갤러리는 첫 번째 갤러리와는 구성이 다르다. 통로 좌우에 부조가 1단만 설치되어 갤러리를 2차례 돌면 전체를 감상할 수 있다. 이와 같은 방법으로 1, 2, 3, 4단의 갤러리를 모두 탐방하기 위하여 순례자는 대탑을 10회 돌아야 하며, 길이로 환산하면 무려 5,000m(3마일)에 이른다.

갤러리는 보도의 폭이 2m로 좌우에 높은 측벽이 가로막고 있어, 방문자들에게 머리 위 하늘만 개방된 긴 복도에 들어선 느낌을 준다. 대탑의 갤러리는 모두 직선이 아니며, 각 4면이 중앙의 계단을 중심으로 좌우측으로 2차례씩 90도로 꺾이며 내부로 약간씩 축소되는 구조로 설계되었다. 설계자의 의도는 정확하지 않지만, 순례자가 시계방향으로 즉, 대탑을 오른쪽에 두고 걸을

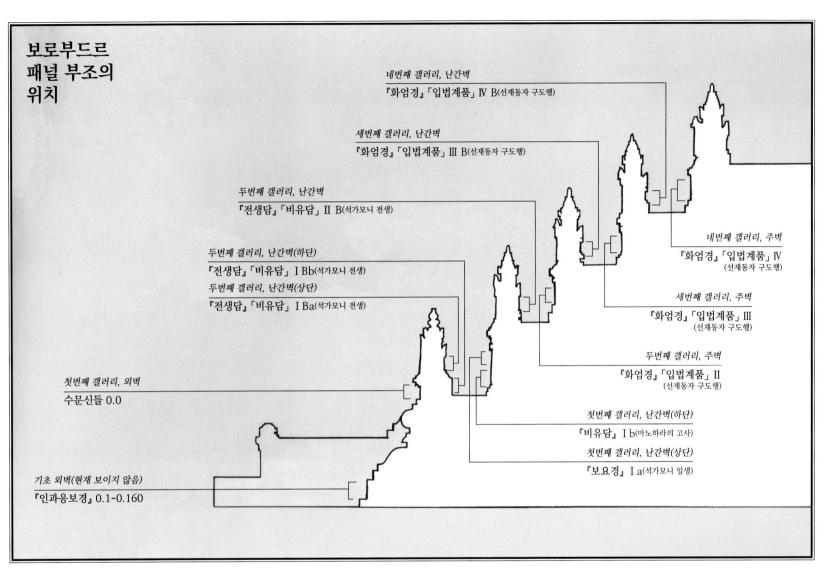

보로부드르
패널 부조의
위치

네번째 갤러리, 난간벽
『화엄경』「입법계품」 IV B(선재동자 구도행)

세번째 갤러리, 난간벽
『화엄경』「입법계품」 III B(선재동자 구도행)

두번째 갤러리, 난간벽
『전생담』「비유담」 II B(석가모니 전생)

두번째 갤러리, 난간벽(하단)
『전생담』「비유담」 I Bb(석가모니 전생)

두번째 갤러리, 난간벽(상단)
『전생담』「비유담」 I Ba(석가모니 전생)

첫번째 갤러리, 외벽
수문신들 0.0

기초 외벽(현재 보이지 않음)
『인과응보경』 0.1-0.160

네번째 갤러리, 주벽
『화엄경』「입법계품」 IV
(선재동자 구도행)

세번째 갤러리, 주벽
『화엄경』「입법계품」 III
(선재동자 구도행)

두번째 갤러리, 주벽
『화엄경』「입법계품」 II
(선재동자 구도행)

첫번째 갤러리, 난간벽(하단)
『비유담』 I b(마노하라의 고사)

첫번째 갤러리, 난간벽(상단)
『보요경』 I a(석가모니 일생)

설화와 우화들

첫 번째 갤러리의 외벽에 조각된 일련의 패널에는 후대에 부처가 될 인물의 전생을 다룬 자타카(Jataka)와 아바다나(Avadana)로 알려진 유명한 불교고사佛教古事가 조각되어 있다. 주벽인 내벽도 하단에 자타카와 아바다나의 고사古事가 묘사되었는데, 불교가 주제지만 재미있는 이야기 형식으로 꾸며져 이솝의 우화나 설화와 유사하다. 난간 외벽의 부조는 규격이 다양하며 모두 500 장의 패널[상부(62×62 or 100×62cm), 하부(260×65cm)]로 구성되었다.

석가모니의 일생

첫 번째 갤러리의 주벽 상단 부조는 더욱 추상적이다. 소의경전은 『보요경』으로, 대부분 석가모니의 일생과 관련된 일화逸話들로 구성되었다. 이 갤러리는 관람객들에게 더욱 정교한 불교사상을 전해주고 있다. 스토리의 전개는 동쪽계단에서 시작하여 남쪽방향으로 진행하며, 패널은 모두 120장(276cm×80cm)으로 구성되었다.

부조의 배치도(입면도). 보로부두르의 4단 테라스 갤러리는 주벽(외벽)과 내벽(난간의 벽) 양측에 부조가 조성되어 있다. 첫 번째 갤러리는 10종류의 스토리를 전시하기 위하여 양측 벽을 상단과 하단으로 구분하여 패널을 설치하였다. 원래 또 다른 패널 시리즈가 보로부두르의 기초 외벽을 따라 조성되었지만 대탑의 건설과정에서 구조적인 이유로 매립되었다.

상단과 우측: 대탑 외부의 중앙계단에 설치된 문들은 방문객들이 다음 단계로 나아가기위하여 반듯이 통과해야 한다. 현재 가장 잘 보존된 문은 상부 갤러리의 북측에 설치된 문이다. 영생을 상징하는 칼라와 마카라, 그리고 믿음이 깊은 수행자와 현자들에게 하늘에서 꽃비가 내리는 장면이 정교하게 묘사되었다. 하부 갤러리에서 각종 부조에 담겨있는 내용을 힘들게 공부하고 심취한 순례자들은 상부 테라스에 올라 스스로 보살의 경지를 체험하였다.

깨달음을 향한 긴 여정

첫 번째 갤러리의 탐방을 마치고 종점인 동쪽 계단에 도착한 순례자는 다시 계단을 이용하여 두 번째 갤러리로 올라가야 한다. 두 번째 갤러리의 외벽도 자타카와 아바다나의 장면이 새겨진 100장의 부조 패널(190×55㎝와 85×55㎝)이 조성되었다.

그러나 두 번째 갤러리의 내벽부터는 보로부두르에서 가장 중요한 또 다른 테마가 나타난다. 『화엄경』「입법계품」에 등장하는 유명한 순례자 '수다나의 이야기'다. 보살의 경지에 오르기 위하여 무려 110명의 스승을 방문한 그는 마지막에 수메르 정상에 있는 미륵의 보처補處에 이르게 된다. '수다나의 이야기'는 두 번째 갤러리에서 128개의 패널(192×114㎝, 150×114㎝)과, 세 번째 갤러리의 주벽 88개의 패널(130×104㎝), 그리고 외벽에 설치된 88개 패널(130×104㎝)로 계속 이어진다. 마지막으로 네 번째 갤러리 외벽의 84개의 패널(204×60㎝)과 내벽의 72개의 패널(250×100㎝)에서 이 '수다나의 이야기'가 장엄하게 종료된다. 이 '수다나의 이야기'는 부조 패널의 규모나 구성, 그리고 위치측면에서 보로부두르에서 가장 중요한 장면임은 의심의 여지가 없다.

불멸의 바다로 입장하며

보로부두르 최초의 설계자는 세 번째와 네 번째 갤러리에 아치가 있는 정교한 출입문을 두었으나, 후대에 첫 번째와 두 번째 갤러리에도 아치가 추가되었다. 그러나 현재 대부분의 출입문은 망실되었고, 네 번째 갤러리의 동문과 원형의 테라스로 진입하는 북문만 일부 남아 있다. 출입문은 정교하게 장식되었다. 아치상부는 칼라(Kala)라고 불리는 전설상의 괴이한 동물이 조각되었다. 칼라는 아래턱이 없어 방문자가 통과할 때 칼라의 입속으로 곧바로 빨려 들어가는 느낌이 든다. 그러나 칼라의 윗입술에는 꽃이 매달리고, 문 하단 좌우측에 설치된 마카라의 머리가 밖을 향하고 있어 공간은 더욱 개방된 느낌을 준다.

테라스마다 문은 다양하게 장식되었다. 1단에서 3단까지의 저층부의 문은 칼라의 턱 바로아래 앵무새와 킨나라(Kinara, 머리는 인간이나 몸통은 새인 전설의 새)가 장식되었다. 그러나 상층부 테라스로 인도하는 마지막 문은 불

멸의 바다로 입장하는 자에게 꽃비가 내리는 장소로 앵무새와 킨나라 대신에 탁발승이나 현인들로 대체되었다.

원형의 테라스

네 번째 갤러리의 탐방을 마치고 마지막 상층부의 원형 테라스에 오르면, 방문객들은 또 다른 세계를 경험하게 된다. 조밀하게 조각된 부조장식들과 사방이 직선인 좁은 공간인 갤러리를 벗어나, 크고 단순한 곡선과 모든 방향에서 확 트인 상승감이 느껴지는 넓은 테라스에 이르면 더욱 개방된 느낌을 갖게 된다.

3단으로 구성된 상부 원형테라스에 모두 72개의 스투파(하단인 1단에 32개, 중단인 2단에 24개, 상단에 속하는 3단에 16개)가 배치되어 있다. 스투파의 규격은 하부의 직경이 3.4~3.8m, 높이는 3.5~3.75m로 대부분 동일하다. 구성은 원형의 기단과 종鍾모양의 안다(the anda)라

호칭되는 탑신塔身, 그리고 상부에 하르미카(보통 유골이 안치된다)와 상륜으로 구성되었다. 기단위의 종형鍾形 탑신의 외면은 다이아몬드 형식(2단과 3단의 탑은 사각형)의 개구부가 규칙적으로 배열된 석재 창으로 마감되었다. 탑신 내부에는 등신等身의 불상이 안치되었으나, 외부에서는 잘 보이지 않는다. 탑신위에 2단으로 설치된 대형 하르미카의 하단은 방형이며 상단은 8각형이다. 상륜은 긴 팔각뿔형식으로 역시 2단으로 구성되었다.

탑신내부에 안치된 불상의 좌대座臺아래 사리나 귀중품이 매장되었을 가능성이 높지만 대부분 도굴꾼들에 의하여 약탈되었다. 반 얼프가 보로부두르를 복원할 당시에 탑의 석재가 겨우 절반정도 남아있어, 대부분 신재新材로 대체하였다. 반 얼프는 당시 석재를 고정하기 위하여 납으로 만든 쐐기를 사용하였으나, 현지인들이 낚시용 추로 사용하기 위하여 대부분 반출되었다. 현재 쐐기는 사각형 플라스틱으로 대체되어 보강된 석재와 원래의 석재는 외부에서도 쉽게 식별이 가능하다.

보로부두르의 정점頂点이며 대탑의 정중앙에 직경 16m의 스투파가 위용을 자랑하고 있다. 외형은 원형 테라스의 스투파보다 5배 정도 큰 대형이다. 탑신은 유사한 종형이나 격자형으로 제작되지는 않았다. 현재 13단으로 추정되는 상륜이 사라지고 없지만 원래 탑의 높이는 16m이상이었을 가능성이 높다. 보로부두르 대탑은 저층부의 방형 4단 테라스위에 원형의 테라스 3단이 추가되고 상부 중앙에 대형 불탑이 안치되면서, 장엄한 부처님 세계의 만다라를 완성하였다.

보로부두르가 주는 메시지

보로부두르의 부조가 풍부하고 뛰어나게 아름다워 대탑의 또 다른 수많은 상징들이 쉽게 가려지는 경향이 있다. 이는 틀림없이 고대의 자바인들이 대탑 건설의 구성요소의 하나인 부조에 대단한 정성과 기술을 쏟아 부었기 때문이다. 그러나 이와 같은 생각에 동의한다면 대탑을 회화와 마찬가지로 단순히 작품을 전시하는 갤러리로 꾸미면 된다. 우리는 왜 보로부두르가 건설되었는지 그 이유를 확신할 수는 없지만, 대탑의 전체 의미는 단순히 부조 자체보다 부조와 건축 사이에 존재하는 상호복합적인 관계에서 찾아야 한다. 보로부두르를 이

해하기 위하여 우리는 대탑의 구조構造와 관련된 수수께끼를 풀어야한다. 보로부두르가 단순한 갤러리만을 위한 시설이 아니라는 연구가 발표되면서 비밀이 점차 밝혀지고 있다.

방형 테라스 상단. 한때 대탑아래에서 계단 입구를 지키던 사자상이 테라스 상단에서 원형 테라스의 스투파를 바라보고 있다.

암호를 해독하다

보로부두르를 단지 하나의 사원으로 부르는 것은 옳지 않다. 고대 자바의 각종 명문銘文으로부터 종교시설물과 관련된 호칭에는 몇 가지 범주가 있지만 대부분 사원을 프라사다(prasada)로 호칭하고 있다. 상세한 의미는 알 수 없으나, 고대의 종교시설물은 의식과 상징성이 중요한 기준이었을 가능성이 높다. 자바의 고대사원은 대부분 특별한 숭배의 대상이 안치된 공간을 마련하고 있다. 그러나 공간이 너무 협소하여 일회성으로 소수의 개인만을 수용할 수 있었다. 아마도 특정 승려들만이 사원내부에 출입할 수 있었으며, 신도들에게는 사원 자체가 하나의 숭배대상으로 내부에 입장하지 않고 주변을 돌며 예배하였을 가능성이 많다.

보로부두르는 자바에 현존하는 유일무이한 형식의 유적이다. 불교와 관련된 기타 건축물들은 내부에 공간

을 마련하여 신상을 안치하도록 설계되었다. 그러나 보로부두르의 설계는 이와는 확연히 달라서 대탑의 건립 목적 역시 다르다는 결론이 더욱 설득력을 얻는다. 보로부두르는 부처를 모시고 예배하는 장소가 아니라 보살이 되기 위하여 일련의 수행을 성취하는 장소로 선택되었을 가능성이 많다.

보로부두르는 다양한 상징(code)으로 대탑의 복잡한 메시지를 전하고 있다. 그러나 현재까지 코드의 의미가 풀리지 않은 이유는 코드를 형성하고 있는 개별적인 요소들이 너무 복잡하고 방대하기 때문이다. 무슨 이유로 대탑이 6개의 방형 테라스와 4개의 원형 테라스로 이루어졌을까? 왜 기초의 난간에 설치된 감실은 보석문양으로 치장된 반면에, 상단 4개 난간의 감실들은 스투파의 모티프로 장식되었을까? 왜 원형 갤러리 상단에 배치된 72개 스투파의 형상이 두 가지 즉, 1단과 2단 테라스 탑신의 격자문格子紋이 다이아몬드형식이며 방형의 하르미카가 설치된 반면에, 3단의 스투파는 방형의 격자문과 8각형의 하르미카로 구성되었을까? 이와 같은 설계 요소들은 명백하게 무언가를 의미하고 있지만, 현재까지 만족할만한 해답에 이르지 못하였다.

이처럼 다양한 대탑의 변화요소들은 단순히 장식만을 위하여 구상되지 않았다. 갤러리 부조와 마찬가지로 상부 테라스의 불상과 스투파들도 우리에게 더욱 추상적인 대화를 시도하고 있다. 그러나 그것들이 표현하고 있는 다양한 모티프의 의미를 형이상학적인 문학에 속하는 방대한 불교경전에서 찾는 것은 거의 불가능하다. 보로부두르의 마스터 플랜 역시 불교가 아닌 자바인들의 수많은 토착신앙과 기록에 남아있지 않은 전설까지도 반영되었을 가능성이 많다.

학자들은 보로부두르의 수많은 상징과 관련된 의미를 통합하는 단 하나의 논리를 탐구하기 위하여 많은 에너지를 소모하고 있다. 일부 학자의 의견에 따르면, 원형의 상부 테라스는 석가모니 부처의 귀중한 유골이 안치된 거대한 규모의 스투파 기초로 보고 있다. 또 다른 학설에 따르면, 보로부두르는 실제로 기초에서 상륜까지의 외형이 산이나 물방울, 또는 뒤집어놓은 사발(모두 스투파의 형태와 유사하다)의 형상을 의미한다고 한다. 만약 이와 같은 가설이 사실이라면, 대탑의 방대한 부조는 단지 스투파를 장식하기 위한 수단에 불과하다는 결론

에 도달하게 된다.

잘 알려진 또 다른 학설은 3단계의 건축물인 보로부두르가 3단계의 불국토佛國土를 의미하며, 욕망慾望, 형상形相, 그리고 무형상無形相을 상징한다고 주장한다. 그러나 이와 같은 가설도 적합하지 않을 가능성이 많다.[1] 보로부두르는 입문자의 의식을 위한 거대한 만다라나 신성한 영역으로 만들어 졌다고 주장하는 학자도 있다. 그리고 보로부두르는 무엇보다도 사일렌드라(Shailendra) 통치자의 왕권을 상징하기 위하여 건립되었다는 현실적인 의견도 제시되었다. 마지막으로 보로부두르 대탑이 우주의 중심에 위치한 신들의 거처인 신성한 수메르 산을 상징한다고 주장한다.

무엇보다 확실한 것은 보로부두르의 건축 형식이 고대 자바인들과 복합적인 연관성을 갖는다는 것이다. 그러나 이와 같은 연관성을 완벽하게 규명하는 것은 사실상 불가능하다. 보로부두르의 전체 설계는 단 하나의 요소로만 축약될 수 없다. 즉, 산과 탑 그리고 만다라라는 세 가지의 중요한 모티프를 결합시켜야 한다. 이 세 가지의 모티프 모두는 불교에서의 중요한 함의含意를 가지고 있지만, 상징성은 서로 중복되는 측면이 있다. 보로부두르의 설계자들은 이 세 가지 의미를 완벽하게 통합하여 대탑으로 완결시키는데 훌륭하게 성공하였다고 본다.

보로부두르 대탑이 상징하는 의미는 고대 자바인들이 사용했던 이상적인 언어로 표현되어야한다. 현재까지 관련된 문헌정보가 전혀 남아있지 않기 때문에, 우리는 수많은 주변 정보로부터 해답을 얻어야 한다. 고고학자들과 마찬가지로 지금까지 분실된 단편들을 수집

1_ 이 논리에 의하면 『인과응보경』에 소의한 현지반아래 기초부분의 부조는 '욕망의 왕국'을, 부처의 일생을 조각한 4개의 테라스는 '형상의 왕국'을, 그리고 상층부 원형 테라스부분은 '무형상의 왕국'을 상징한다; see e. g. A Wayman, "Reflections on the theory of Barabudur as a mandala," *Barabudur: History and Significance of a Buddhist Monument*(Ber keley Buddhist Studies No. 2, 1982); J. G. de Casparis, " Barabudur," *Encyclopedia of Buddhism*, (Colombo: Government Press, 1968) vol. 2 fasc. 4, ed. by G. P. Mala lasekera, cited in L. O. Gomez and H. W. Woodward Jr. , "Introduction" to the same volume, p. 10; and L. O. Gomez, "Observations on the role of the Gandavyuha in the design of Barabudur" in the same volume, pp. 180-181, and p. 192 n. 32.

하여 대탑의 논리로 재구성해야 한다.

보로부두르 건축의 역사

전설에 따르면, 보로부두르는 신성한 건축가인 구나다르마(Gnadharma)가 설계했으며, 그는 보로부두르 정남쪽에 위치한 메놀레(Menoreh) 언덕의 형상과 유사하다고 전한다. 그러나 연구결과는 다르다. 보로부두르는 전설속의 인물이나 한 사람의 작품이 아니라, 사실상 50년 동안 4차례의 리모델링을 거치며 완성되었다.[2]

보로부두르 언덕에 일단의 힌두교도 혹은 브라만교의 신봉자들이 불교도들이 점유하기 이전부터 대규모의 종교건조물을 건립하기 시작하였다. 그들은 보로부두르 언덕에 넓은 부지를 조성하기 위하여 주변의 흙을 절취하고 운반하여 쌓았다. 그리고 현재 보로부두르 대탑의 1단계 테라스 3층 높이까지 거대한 석조기반基盤을 조성하였다.

이 구조물의 정체는 정확히 알 수 없으나, 고고학자들이 자바의 몇몇 지역에서 인간이 만든 대규모 테라스형식의 건조물을 발견하였다. 이중 일부는 흙을 쌓은 후에(토단土壇) 주변을 정교한 직립의 석재로 두르고, 상부(slab)는 다시 석재로 마감하였다. 일부는 역사시대 이전부터 조상들로부터 초자연적인 힘을 얻기 위하여 일종의 의식에 사용되었을 가능성이 있다. 현재 푼덴(punden)이라고 불리는 오래된 마을의 인근에 위치한 언덕에서 테라스와 유사한 시설이 발견되었다. 마을사람들은 이곳에 그들의 통치자가 묻혀 있다고 전한다. 이 지역에서 벌쉬 데사(Bersih desa)라는 의식이 해마다 열리고 있는데, 이 행사는 조상의 도움으로 마을을 악령들로부터 정화하는 의미가 있다고 한다.

보로부두르의 최초 건립자는 후대의 힌두교나 불교 사원과는 다른 형식의 기초를 언덕위에 조성하였다. 현재의 보로부두르 대탑은 이 기초와 조화를 이루도록 설계되었으며, 이와 같은 이유로 보로부두르 대탑이 힌두교나 불교보다 자바 전통의 고대 건축물에 더욱 가깝다고 여기고 있다.

최초의 건축물은 완성되지 못했고, 더구나 후대에 보로부두르의 축조과정에서 일부가 제거되었기 때문에 우리는 이 건축물을 결코 상상할 수 없다. 뿐만 아니라, 이 건축물이 조성된 시기도 정확히 알 수 없는데, 아마도 보로부두르 대탑의 착공시기를 고려할 때 기원후 760-770년경으로 추정된다. 최초의 건축가들은 알 수 없는 사유로 언덕에서 강제로 쫓겨났고, 불교도들이 그들의 시설물을 짓기 위하여 점유하기 전까지 현장은 상당기간 폐허로 남아 있었다.

기원후 780년경 어느 날, 보로부두르의 언덕에서 건설이 재개되었다. 원래 기초의 규모는 상부에 5단의 테라스 층이 증축될 수 있을 정도로 충분하였다. 석공들이 투입되었고 조각가들이 오늘날 우리가 보고 있는 부조를 조성하기 시작하였다. 이때 재앙이 일어났다. 기초가 너무 약하여 거대한 상부의 하중을 견디지 못하고 일부 단면에서 급속한 붕괴가 일어났다.

설계자들은 하중을 경감하기 위하여 건물의 높이를 줄이는 대신에 기초의 폭은 대폭 늘리기로 절충하였다. 결과적으로 원래의 기초에 조성된 일련의 아름다운 부조 패널이 희생되고 말았다. 기초는 다시 보강되었고 일부는 새로운 석재를 덧대기 위하여 잘려나갔다. 이는 건축가들이 상당한 예술성을 보여주는 부조가 새겨진 '숨겨진 기초'로 호칭되는 대탑의 하부보다 상부를 더욱 중요하게 여겼음을 암시한다. 기초가 확대되면서 결과적으로 대탑의 주변을 걷는 보행자들에게 확 트인 통도通道를 제공하고 있다. 당시 자바의 수많은 사원들이 성소 중앙에 안치된 신상을 순행巡行하기위한 통도를 신설하는 등 사원의 리모델링이 유행하는 시기와도 일치한다.

중앙 자바지역에서 초기불교 건축물의 테라스(토단)는 대부분 기원후 800년경을 전후로 주요 리노베이션이 이루어지면서 점차 사라졌다. 그 결과 자바에서 초기불교 건축의 명확한 그림을 얻기가 어려워졌다. 8세기후반에서 9세기초반까지 적어도 50년 동안에 자바불교에서 사상적인 변화가 급속히 전개되었다. 깨달음을 얻기 위하여 밀교와 같은 특별한 제의식과 만다라, 그리고 육체적인 수행까지도 받아들였다. 건축도 이에 유기적으로 대응하였다. 불교가 변화하며 신도들도 영적인 자유를 성취하기 위한 새롭고 더욱 효과적인 방법을 발달시

2_ J. Dumarçay, "Histoire architecturale du Borobudur." *Publications de l'Ecole Française d'Extrême Orient, Mémoires Archéologiques* 12(1977).

대탑의 동측 입구. 계단아래 깔린 포도鋪道
는 매몰된 대탑의 기초 위에 조성되었다.

키는 새로운 공간을 추구했다. 당시 보로부두르는 이미 건설 중에 있었으나, 새로운 수행기법과 관련된 의식에 적합하도록 특별하게 리모델링되었다.

보로부두르의 복잡한 구조를 모두 밝히는 단 하나의 근원적인 해답이 존재할 것이라고 예상하는 것은 너무나 순진하다. 대탑은 건설 또는 운영 중에 축적된 다채로운 의미를 보여주는 다층의 구조를 지니고 있다. 그러므로 자바의 역사에서 존재하는 단 하나의 유적이라기보다 더욱, 불교문화의 변천과정을 보여주는 유적으로서의 의미가 있다. 유적을 둘러싸고 있는 수많은 미스터리와 경이驚異 중 하나는 건축가가 그와 같은 거대한 서로 다른 요소들을 하나로 통합하는 능력을 성취하였다는데 있다.

산을 의미하는 보로부두르

보로부두르의 첫 광경은 머리위에 수많은 원추형 탑이 장식된 웅크리고 있는 회색의 돌덩어리처럼 보인다. 대탑의 외곽선은 남쪽 3㎞지점에 위치한 울퉁불퉁한 산맥과도 더욱 유사하다. 이 대탑의 실루엣은 명백히 산

을 암시하고 있다. 고대 자바의 건축가들은 원근법을 이용하여 건물의 높이를 향상시키는데 이미 숙달되어 있었다.[3] 그러나 보로부두르는 축조과정에서 건물의 수평성水平性을 강조하고, 산과의 유사성類似性을 줄이는 것이 기술적으로 중요한 요소였다.

대탑이 건설된 지형은 원래 테라스형식으로 자연스럽게 대탑이 언덕과 연장선상에 있어 현재보다 더욱 높아보였다. 대탑의 기초는 지면보다 수직으로 7m정도 높았다. 후대에 전체적으로 보강되면서 대탑의 하부에는 절벽과 같은 시각적인 효과가 사라지고 주변의 지형과 일체가 되었다.

보로부두르의 중앙 스투파에는 대형의 상륜이 설치되었으나 부재가 부족하고 상륜에 대한 정확한 정보가 없어 현재까지 재건될 수 없었다. 보통 불탑의 상륜은 9개 층의 원형 밴드를 지지하는 8각단면의 뾰족한 기둥과 상단은 8각 보석형상을 한 13개 층의 산개로 구성되었다. 이와 같은 상륜이 보로부두르의 대탑에 존재한다면, 외형은 지금보다 더욱 높고 경쾌한 상승효과를 주었을 것이다.

산山은 불교가 수입되기 이전의 자바와 대승불교에서 모두 중요한 종교적인 상징이었다. 높은 장소에 테라스가 딸린 성소를 마련하는 자바의 전통은 역사시기 이전부터 있었으며, 오늘날까지도 지속되고 있다. 자바에서 가장 이른 시기의 사원집단은 모두 고지대에 축조되었다. 자바의 오래된 명문에도 사원은 산으로 언급되었으며, 수많은 자바사원의 상층부는 신성한 산을 연상시킨다.

보로부두르는 사일렌드라('산의 주인'이라는 뜻이 있음)로 알려진 왕계王系에 의하여 건립되었다. 당시 보로부두르의 역사役事를 담당한 불교통치자의 이름은 인드라Indra이다. 이 신은 수메르 산 정상에 거주하며 보로부두르의 부조에도 등장한다.[4] 보로부두르가 산을 의미

3_ J. Dumarçay, "Les effets perspectifs de l'architecture de l'Asie meridionale", *Publications de l'Ecole Française d'Extrême Orient. Mémoires Archéologiques* XV(1983); "Le savoir des maitres d'oeuvre javanais aux xiiie et xive siecles", *Publications de l'Ecole Française d'Extrême Orient. Mémoires Archéologiques* XVII(1986).

4_ 건설은 그의 계승자인 사마라퉁가 정권시기에 이루어졌을 가능성도 있다.

한다는 학설은 프람바난(Prambanan)의 남쪽 라투 보코 (Ratu Boko) 고원지대에서 발굴된 명문에 의하여 더욱 명확해 진다. 기원후 792년에 새겨진 명문에는 '완전한 부처인 수메르에게 기도한다'는 내용이 기록되어 있다. 이는 당시 자바의 불교도들이 부처를 거대한 영적인 힘을 갖는 산과 동일시했다는 명백한 증거가 된다.[5]

대승불교의 산

대승불교도들은 수메르라 불리는 거대한 산으로 형상화한 '3단계의 영토'라는 복잡한 체계의 관점에서 우주를 이해했다. 영토마다 위계질서에 따라 정해진 수많은 하위 단계가 존재한다. 첫 번째 왕국은 카마다투(Kamadhatu, 욕망의 영토)로 다양한 종류의 지옥으로 구성되어 있다. 이 장면은 보로부두르의 '잃어버린 발'이라는 최하단부의 기초(부조)에 묘사되어 있다. 그 위 단계는 굶주린 귀신들의 영토이다. 그들 중 일부는 신에게 공양하고 남은 음식을 먹고사는 반면, 다른 귀신들은 숲속에 있는 괴물 오그레스(ogres)를 지칭한다고 한다. 이 귀신들은 대탑의 자타카(Jataka) 부조에 등장한다.

다음 단계는 동물, 타이탄, 그리고 인간이 거주하는 영토다. 이중에 인간의 영토는 하나의 둥근 대양大洋과 4개의 거대한 대륙으로 이루어져있으며, 7개의 더 큰 대양과 수메르 산으로부터 분리되어 있다. 인간이 거주하는 대양의 주변 산은 철鐵로 만들어졌으며, 나머지는 금金으로 만들어졌다. 그리고 다른 6개의 대양은 깨끗한 물로 가득 차있다.

수메르 산의 주변에는 2개의 천당과 하늘에 떠있는 더 많은 26개의 천당이 존재한다. 26개의 천당 중에 첫 번째 6개의 천당은 여전히 '욕망의 영토'에 속한다. 그 위의 18개의 천당은 속세의 욕망으로부터 자유롭지만 여전히 인간의 몸을 벗어나지 못하는 신들이 거주하는 '유형의 영토'로 구성되어있다. 그들은 궁극적으로 순수한 유념有念의 상태에 이를 때까지 명상하며, 3번째와 최고의 영토 단계인 '무형의 세계'인 4번째 천당에 오르게 된다. 이곳에서 모든 존재들은 유념 혹은 무형에 의하여 구분되지 않는데, 이는 두 가지의 상반된 개념의

통합이 이루어지기 때문이다. 이 세계는 소승불교에서 열반의 개념과 상통한다.

보로부두르와 수메르 산

순례자들은 보로부두르에 가까이 다가가며 주변의 평원을 무표정한 얼굴로 응시하고 있는 수 백 개의 인물상을 볼 수 있다. 감실 안의 인물상은 신성한 수메르 산의 동굴에 거주하는 신들과 마찬가지로, 동굴에서 명상하고 있는 자바의 고행자를 암시한다. 이들은 고대의 자바인들과 수입된 불교와의 완벽한 융합으로 볼 수 있다. 인물상들은 순례자들이 대탑의 정상에 있는 중앙 스투파에 도달하기 위하여 자기의 부정과 육체적인 고행을 감내堪耐해야한다는 것을 보여주고 있다. 대탑의 구조는 순례자들이 갤러리를 모두 감상하도록 정상을 향하여 대탑 주변을 10차례 순회할 것을 요구한다. 이는 10단계의 생生을 성공적으로 통과하여 깨달음에 이른 보살의 길을 상징적으로 나타낸다.

보로부두르의 설계자들은 방문객들이 대탑에서 엄청난 실체적인 효과를 경험하도록 고안하였다. 부조가 전시된 갤러리를 걸을 때 순례자는 점차 외부의 세계를

보로부두르의 서쪽에서 바라본 메노래브 언덕. 자바인들은 이 언덕의 실루엣이 대탑의 신성한 건축가인 구나바르마가 누워있는 형상이라고 믿고 있다.

5_ J. G. de Casparis, "The dual nature of Barabudur," *Barabudur: History and Significance of a Buddhist Monument*(Berkeley Buddhist Studies No. 2 , 1982) p.69.

북서쪽 코너에서 바라본 보로부두르의 전
경. 이 지점에 현재 사라지고 없는 고대의
사원들이 존재하였다.

잊게 된다. 그러나 순례자가 오랜 시간 갤러리의 탐방
을 마치고 원형 테라스에 오를 때면, 주변의 시골 풍경
을 넘어 광활한 장면이 갑자기 전개되며 청량함과 같은
독특한 느낌을 갖게 된다. 이것은 아마도 모든 갤러리
를 힘들게 순환하고 부조에서 영적인 가르침에 몰두했
던 순례자들을 위한 일종의 보상을 의미한다. 고행 후
에 산의 정상에서 느끼는 상쾌함은 정토淨土를 연상시
키며 불교의 궁극적인 깨달음을 상징한다.

보로부두르와 스투파

보로부두르의 정상에는 72기의 소형 스투파에 둘러
싸인 대형 스투파가 중앙에 서있다. 인도에서 불교이전
에 스투파는 흙으로 쌓은 봉분위에 하늘과 땅, 그리고
지하의 세계를 상징하는 목재기둥이 설치된 무덤에서
유래하였다. 이와 같은 장법葬法은 부처가 생전에 요구
했던 형식으로 전해진다. 부처가 죽고 화장한 후에 남
은 재는 그가 활동할 당시 주요사건이 있었던 8개소에
나누어 탑(8대 근본대탑)을 건립하였다.

스투파의 기원과 관련된 또 다른 형식은 인도의 차

이티야(caitya)이다. 차이티야 역시 불교이전부터 존재했
지만, 원래 수목樹木을 포함하여 토착 정령을 숭배했던
장소를 지칭하며 엄밀하게 스투파와는 구분이 된다. 당
시 차이티야는 신성한 숭배물을 두는 장소였으나, 가끔
불교도가 이곳을 인수하여 유골을 안치하는 납골당으
로 사용하기도 하였다. 부처가 이 차이티야에서 설법을
하였다고 전해진다. 오늘날 자바에서 이슬람시대이전
의 유물을 뜻하는 인도네시아어는 캔디(candi, 태국어 체
디cedi)로 바로 이 차이티야에서 유래하였다.

스투파는 매장지를 기념하거나 소중한 유골을 안치
하는 장소로 사용된다. 유골은 부처의 신체 중 일부며,
그가 사용하던 그릇이나 의복, 족적, 심지어 경구가 새
겨진 경전의 일부와 같은 평범한 것들까지 포함된다.
스투파는 설법과 같은 특별한 종교행사를 기념하는 장
소나, 단순히 부처의 공덕을 얻기 위한 지역에 주로 세
워진다.

인도네시아의 스투파

수많은 고대의 스투파가 자바지역에서 발견되었다.
기원후 780년경에 프람바난 평원에 조성된 캔디 칼라

산 스투파는 한때 화장火葬한 유골이 안치된 52기의 스투파(52는 밀교에서 중요한 숫자다)가 둘러싸고 있었다. 9세기 무렵에는 116기의 스투파가 플라오산 주변에 조성되었다. 이중 족자카르타 북쪽 7㎞ 지점의 팔가딩(Palgading)에 위치한 2기의 스투파는 보로부두르 대탑과 거의 동시대에 건립되었다. 대부분의 스투파에는 인간의 유해와 함께 소중한 유품들이 안장되었다. 물룽간(Mulungan), 쿠푸와투(Cupuwato), 투구레조(Tugurejo near Semarang) 지역의 스투파는 단일 석재로 만들었으나 유골을 안장하는 시설은 없었다. 최근에는 중앙 자바의 다웅사리(Dawungsari) 지역에서 발견된, 기초가 있는 2기의 대형 스투파와 프람바난 남쪽 시바고원의 라투보코(Ratu Boko)지역에서 발견된 작은 규모의 스투파가 전해진다. 고고학 발굴을 통하여 이들 스투파에 유골이 안치되었는지는 현재까지 알려진바 없다.

보로부두르 이후에 동자바지역에서 더욱 많은 스투파가 건립되었다. 1292년에 사망한 왕 클타나가라(Krtanagara)을 위한 추모 사원인 캔디 자위(Candi Jawi) 사원은 정상이 탑 형상으로 되어 있다. 클타나가라의 수도 부근 산의 경사지에 위치한 숨베라완(Sumberawan)에도 스투파 단지가 조성되어 있다. 1354년에 건립된 캔디 자붕(Candi Jabung) 사원은 원래 '밀교 정복자의 완벽한 사원' 즉, '바즈라 지나 파라미타푸라(Vajra Jina Paramitapura)'로 호칭되었다. 이 사원의 상부 구조 역시 스투파의 형상을 하고 있다.

수마트라 섬에는 벽돌로 조성된 고대 스투파 몇 기가 남아 있다. 중국의 구법승 의정은 저서에서 스리비자야 지역에서 목도한 수많은 스투파에 대하여 언급하였지만, 현재 그 흔적은 거의 찾을 수 없다. 1930년에 사암으로 조성된 2기의 작은 스투파의 흔적이 팔렘방 인근 세군탕(Seguntang)이라고 불리는 언덕에서 발견되었으나, 이후 사라졌다. 수마트라에서 현존하는 가장 오래된 스투파의 편년編年은 11-12세기이다. 말리가이(Maligai) 스투파와 무아라 타쿠스(Muara Takus)의 캔디 붕수(Kandi Bungsu) 스투파, 북쪽 수마트라지역의 파당 라와스(Padang Lawas)에서 발견된 시 조렝 벨랑가(Si Joreng Belangah), 시 파무퉁(Si Pamutung), 그리고 바할 이(Bahal I) 스투파가 있다. 파당 라와스의 스투파는 보통 스탬바(stambha)라 부르는 약 1m 크기의 석조물 17개가 남아

있다.

스투파는 보로부두르의 28개 부조 패널에 묘사되어 있다. 일부에는 여러 개의 산개傘蓋가 얹혀있다. 산개의 숫자는 안장된 인물이나 탑 건설에 후원한 사람의 지위를 표시하는 것으로 추정된다.

그렇다면 보로부두르의 중앙 스투파에 유골이 안장되었을까? 일부 학자들은 매장되었을 가능성도 주장하고 있다. 보로부두르와 관련된 첫 번째 상세한 보고서에 따르면, 중앙 스투파에 큰 구멍이 있었고 내부에 2개의 상자가 위아래로 겹쳐있었지만, 내부는 비어있다고 전한다. 당시 소문에 케두에 거주하는 네덜란드인이 보로부두르가 "재발견"된 직후에 상자에 있는 금상金像을 가져가고 조악한 석상으로 대체하였다고 전한다. 그러나 이와 같은 소문은 현재로선 확인되지 않고 있다.

일부 학자는 보로부두르 중앙 탑에서 발견된 미완성의 석조 부처가 대탑의 본상本像이며, 부처의 최고의 단계인 무형無形의 상태를 보여주고 있다고 주장한다. 이와 같은 논리는 문제가 있을 수 있는데, 티베트에서 훼손된 성물을 탑에 안장하는 것은 절대 허용되지 않기 때문이다. 미완성의 부처는 단지 보로부두르 건설 초기단

파괴된 스투파의 탑신에 안치된 부처가 전법륜인을 결하고 있다. 이 부처는 원형테라스의 72존 중 한분으로 테라스에서 외부를 응시하고 있다.

계에 다른 석재와 함께 내부에 충진용으로 매립되었을 가능성이 있다. 구리 쟁반 1점, 관음보살상 1점과 철제 케리스(keris, 인도네시아 전통 무기)가 역시 출토되었으나 큰 가치가 있는 유물은 없었다. 고대 중국의 동전이 원형 베란다의 스투파 2기에서 출토되었다.

보로부두르와 만다라

만다라는 불교 초보자의 영적인 능력을 향상시키는 입문의식에 사용된다. 만다라는 원래 '원圓'을 의미하지만, 신과 신중들이 특정한 위치에 배치된 일종의 '도식圖式'으로 회화나 조각으로 표현된다. 만다라의 '도식'은 단순한 '원'이 아니라 사각형과 삼각형이 포함된 '원'이다. 만다라는 원래 3차원의 구조를 가지지만, 평면에 그림을 그리거나 컬러 파우더를 바닥에 뿌려서 특정 형상을 만들기도 한다.

만다라는 수많은 종류가 존재한다. 보로부두르 시대에도 적어도 3,500가지의 만다라가 알려져 있다. 보로부두르의 평면은 다양한 관점에서 만다라와 유사하나, 현재까지 특정 만다라로 분류하는데에는 실패하였

다. 8세기경 자바를 방문했던 유명한 불교 스승들이 당시 유행했던 두 종류의 특별한 만다라 즉, 다르마다라(Dharmadhara, 태장계)와 바즈라다투(Vajradhatu, 금강계)를 사용하는 방법을 가르쳤다.

『대비로자나불경』에는 더 높은 단계로 나아가는 초보자를 위한 입문의식에 사용되는 태장계 만다라와 관련된 상세한 내용(컬러 파우더를 바닥에 뿌려서 조성하는 방법 등)이 포함되어있다. 태장계 만다라의 중앙에는 석가모니, 연꽃, 바즈라(vajra, 금강)로 대표되는 세 명의 신神이 위치한다. 원래 바즈라는 '번개'를 의미하며, 베다의 신 인드라의 지물이었다. 후대에는 금강金剛으로 호칭되며 불교의 지물持物인 금강저(금강저의 날은 1, 3, 5개로 다양하다)가 되었다.

고대 중국과 일본에서 유행한 채색 만다라는 보로부두르와 유사한 건물 중 일부가 표현되는 특징이 있다. 만다라의 외곽선은 담장과 유사하며, 사각형 중앙에 아치형의 문이 각각 표현되었다. 문의 상단에는 악마 형상의 수문신이, 그리고 하단에는 코끼리의 코와 짐승의 머리 형상의 수문신이 지키고 있다. 수문신은 키르티무카(Krttimukha, 영광의 얼굴) 혹은 칼라(Kala, 시간)로 불린

다. 칼라의 벌어진 입은 깨달음에 방해되는 '장애'를 삼
킨다는 의미가 있다. 짐승은 마카라로 알려져 있다. 두
모티프는 암리타(Amrita) 즉, 입문자가 '불로불사不老不
死의 대양'을 문을 통하여 들어가는 것을 암시한다. 만다
라의 경계는 『대비로자나불경』에는 언급되지 않은 신중
神衆들이 지키고 있다. 그중 일부는 다양한 존재를 교화
하기 위하여 비로자나불이 직접 채택하였거나, 힌두교
에서 불교로 개종한 신중들도 포함된다.

금강계 만다라는 9개의 서로 다른 만다라로 구성된
다. 만다라의 중앙에는 비로자나불이 위치하나, 가끔
수메르 산에 있는 보탑으로 그를 상징하기도 한다. 금
강계 만다라와 관련된 경전은 『금강정경金剛頂經』으로
기원후 742년에 스리랑카로부터 중국에 전해졌다. 당
시 금강지가 『금강정경』의 복사본을 소지하고 중국으로
향하는 뱃길에서 폭풍우로 분실하였다고 전한다. 후대
에 그가 기억하고 있는 내용의 일부를 중국어로 번역하
였다. 현존하는 『금강정경』은 송대宋代에 일본어로 번역
된 것이다.

금강계 만다라에는 중앙에 비로자나불이 위치하고
주변에 4명의 부처와 32분의 보살상이 배치된다. 금강
계 만다라의 외곽은 24분의 신중神衆과 천불千佛로 구성
되어 있다. 금강계 만다라는 숫자 5를 특히 중요시 하는
데, 5는 부처, 바즈라, 보석, 연꽃, 그리고 카르마를 상징
한다고 한다.

보로부두르 만다라

보로부두르의 설계는 몇 가지 관점에서 이와 같은 만
다라와 유사하다. 우선 언덕위에 위치한 보로부두르 대
탑의 외형은 수메르 산의 정상에 있는 일련의 보탑寶塔
을 연상시킨다. 대탑에서 사방을 응시하고 있는 감실의
조각상은 금강계 만다라에서 비로자나불을 둘러싸고 있
는 네 분의 부처님과 서로 상응한다. 대탑 하단의 외곽에
는 태장계 만다라에서 표현된 것과 유사한 수문신이 배
치되었다. 전설상의 동물인 카라와 마카라가 대탑 네 개
의 문을 지키고 있다. 보로부두르 갤러리의 부조상과 관
련된 내용은 밀교의 4단계 수행법과 일치한다. 4단계의
수행법은 영적인 성취도가 다른 신도들을 4단계로 구분
하여 개인에 적합한 수행법이 적용된다.

불교에서 만다라와 관련된 내용이 언급된 경전은 대

부분 밀교경전密敎經典에 속한다. 만다라의 개념은 고대
자바의 불교도들에게 매우 중요하였지만, 당시 유행했
던 입문과 관련된 밀교경전은 현재 남아 있지 않다. 더
구나 보로부두르의 또 다른 상징적인 모티프나 역할을
추정할 수 있는 기록이나 저술도 현재로선 존재하지 않
는다.

이와 같은 문제에 대한 해답은 대탑의 정의를 어떤
방법으로 규정하느냐 즉, "보로부두르가 만다라인가?"
에 달려있다. 보로부두르를 만다라로 규정하기 위해서
는 대탑이 무엇과 유사하다고 주장하는 것만으로는 충

9세기 티베트지역의 금강계만다라. 만다라
는 이중二重의 원을 경계로 37존의 주요 신
중은 내부에, 그리고 1,000존의 신중을 사각
형 외부에 배치하였다. 신들은 도식화圖式
化되어 표현되었고, 이중二重의 원 내부 사
방四方에 금강저 모티프가 도해되어 있다.

보로부두르의 서면西面. 대탑 하단의 감실 불상은 선정인을 결하고, 상단은 설법인을 결하고 있다.

다. 기원후 800년경에 주요 리노베이션을 목적으로 단지 중앙에 성소를 마련하고 담장 내부에 4개의 작은 사원을 두었다. 담장 밖에는 4개의 동심형同心形의 사각형 단지를 추가로 조성하여 무려 240개소의 성소가 배치되었으며, 외곽에 두 번째 담장을 설치하였다. 조사과정에서 두 번째와 세 번째 구획에서 8개소의 사원지寺院址가 발견되었으며, 동일 축軸으로 수백 미터 지점에서 4개소가 추가로 발견되었다. 담장 사방四方 중앙에 설치된 문에는 거대한 수문상이 무릎을 꿇고 앉아 있다. 중앙사원에 안치된 불상은 현재 사라지고 없지만, 본존을 위한 감실과 4개의 작은 사원에 별도로 대상大像과 소상小像 여섯 개를 두기위한 감실이 남아있다(중앙 성소에 문이 있는 동쪽을 제외하고). 사원의 외곽에도 몇몇 불상을 두기위한 감실이 존재한다.

사원의 배치형식은 만다라의 규범에 따라 부처와 보살, 그리고 각종 신중들을 존치하기 위하여 의도되었다. 중앙의 성소는 초월적인 부처 즉, 비로자나불과 주변에 4분의 협시보살을 위한 궁전이며, 외곽에 위치한 240개의 성소에 금강계 만다라의 천불千佛을 두었다. 사원의 명칭 '세우(Sewu)'는 천千을 의미하며, 천은 사원의 숫자보다 본존을 협시挾侍하는 신중들의 숫자를 의미한다는 주장이 더욱 설득력이 있다.

캔디 맨둣 사원[7]은 현재 1층 형식으로 비교적 큰 방에 대형 삼존불을 안치하고 벽에는 소형 불상을 위한 4개의 감실이 마련되어 있다(사진7). 삼존불 중에 북쪽 관음보살의 명호는 밝혀졌지만, 다른 두 분의 명칭과 역할은 맨둣 사원의 만다라적인 의미가 확인되기 전까지는 유보적이다. 프람바난 지역의 플라오산의 중앙 성소(사진5)와 칼라산 인근의 캔디 사리 사원과 같은 몇몇 사원들이 만다라의 개념으로 건설되었다. 두 사원 모두 2층은 목조로 만들어져 현재 남아있지 않으나, 맨둣 사원과 마찬가지로 삼존불형식의 불상체계를 따르고 있다. 플라오산 사원그룹의 북쪽 끝과 누각의 동면과 북면, 그리고 남면의 일부에도 불상의 흔적이 남아 있다. 이와 같은 형식은 플라오산 사원이 완공된 200년 이후에 건립된 북인도 타보(Tabo)의 사원유적에서 방형 만다라 형식으로 배치된 33신중의 성소와도 유사하다.

분하지 않다. 즉, 우리는 대탑이 과거에 어떤 목적으로 사용되었는지 그 용도를 증명해야만 한다.

우리는 결코 보로부두르에서 거행되었던 의식의 종류가 무엇인지 알 수 없지만, 보로부두르 건축의 다양한 요소나 모티프들로부터 보로부두르가 만다라와 같은 역할을 하였다고 확신할 수 있다. 보로부두르는 악마의 세력이 배제된 영역이었으며, 신들이 강림하여 주재하도록 초대된 장소다. 그리고 아마도 불교 입문자들에게 더 높은 의식의 단계로 인도되는 신성한 장소였다.

자바의 만다라 사원

기원후 800년경에 중앙 자바지역에 밀교가 도입되며 수많은 불교사원이 리모델링되었으며, 특히 만다라 개념이 적용된 새로운 사원이 다수 건립되었다는 증거가 고고학 발굴을 통하여 밝혀지고 있다.

대표적으로 프람바난 고원지대에 위치한 캔디 세우(Candi Sewu) 사원(사진9)에서[6] 중요한 단서가 발견되었

6_ 역주 - 프람바난 북쪽 800m지점에 위치한다. 8세기의 대승불교사원으로 문수보살의 거처로 불린다. 보로부두르 사원보다는 37년이 앞서며, 프람바난 사원보다는 70년이 앞선다. 고고

학 발굴을 통하여 782, 792년의 명문이 발견되었다.
7_ 역주 - 제1장 역사와 고고학, 역주 - 7 참고

고고학 발굴결과 여러 종류의 만다라와 관련된 의식용 유물이 자바와 수마트라, 발리의 고대 사원지에서 발견되었다. 유물은 가끔 내부가 9개의 방으로 구획된 석재상자나 항아리에서 발견되었는데, 법계 만다라에 사용된 소중한 것들이다. 대부분 금이나 준보석, 그리고 유기물의 잔재가 포함되며 종류도 다양하다. 이 유물들은『대비로자나불경』에 규정된 악마의 영향으로부터 성소를 보호하기 위하여 다양한 성물聖物을 지하에 매립하는 방식으로 성소聖所 주변에 안장되었다.

19세기 무렵 네팔지역에서는 기초내부가 9개의 방으로 구획된 스투파가 건립되었다. 8개의 방에는 목재, 곡식, 인물상들과 인간의 유해가 매립되었고, 9번째인 중앙의 방은 스투파 상륜의 안정을 위한 심초석心礎石을 심기위한 공간으로 활용되었다.[8]

보로부두르의 불상

학자들은 보로부두르의 하부 5개 테라스에 조성된 432존의 불상과 상부 원형 테라스에 조성된 72존의 불상이 불교사상적으로 서로 관련이 있다고 보고 있다. 대탑의 하부 테라스 불상(각 면에 92존)은 모두 경전에 언급된 수인手印을 결抉하고 있다. 탑의 동면에 위치한 불상은 오른손을 내려 우측 무릎위에서 손바닥이 지면을 향하는 즉, 항마촉지인降魔觸地印(bhumisparsa mudra)을 결하고 있다. 이 수인은 석가모니가 각종 번뇌를 상징하는 마왕 마라와 싸워서 승리하고, 지모신地母神을 향하여 그가 수많은 희생을 통하여 깨달음을 득했다는 사실을 증명하는 의미가 있다. 남면에 위치한 부처는 자비를 상징하는 수인인 오른손을 우측 무릎위에서 손바닥을 전방을 향하여 펼쳐 보이는 즉, 여원인如願印(vara mudra)을 결하고 있다. 서면의 부처는 두 손바닥을 위로 향하여 포개는 선정인禪定印(dhyana mudra)을 결하고, 북면의 부처들은 오른손을 들어 손바닥을 전방을 향하여 펼쳐 보이는 즉, 공포를 소멸한다는 시무외인施無畏印(abhaya mudra)을 결하고 있다. 그리고 테라스의 상단에 도열한 64존의 부처들은 보로부두르에서 5번째 수인인 오른손을 우측 무릎위에서 손바닥을 펴서 엄지와 집

게손가락을 맞대는 형식의 설법인說法印(vitarka mudra)을 결하고 있다. 결과적으로 방형 테라스 부처 432존은 동서남북 네 방향과 상단에서 5종류의 각기 다른 수인을 결하고 있다.

대탑 상단의 원형 테라스에 중앙 탑을 중심으로 조성된 72존의 불상은 모두 보로부두르에서 6번째 수인인 '전법륜인轉法輪印(Dharmacakra Mudra, turning the wheel of the doctrine)' 즉, 부처의 첫 번째 설법을 상징하는 수인을 결하고 있다. 이 수인은 부처의 설법이 중생 구제의 과정임을 상징한다. 대승불교도들은 부처가 수메르 산 정상에서 최초의 설법을 했다는 믿음을 갖고 있는데, 이는 보로부두르가 신성한 산을 상징한다는 이론을 뒷받침하고 있다.

밀교교의密敎敎義에 따르면, 초월적인 부처, 즉, 비로자나불(무한광명無限光明)[9]은 네 분의 완벽한 부처를 동

황혼 무렵 노출된 원형테라스 불상. 밤은 불교에서 수많은 존재들이 깨달음을 얻는 상서로운 시간이다.

8_ H. Slusser, *Nepal Mandala*(Princeton: Princeton University Press, 1982), p. 152.

9_ 오불(五佛), 또는 오지여래(五智如來, Dhyani buddha)로 언급되기도 하나 대부분의 학자들은 '정복자'의 뜻을 갖는 지나(Five jina)가 더욱 정확하다고 보고 있다; J. E. van Lohuizen-de Leeuw, "The Dhyani Buddhas of Barabudur," *Bijdragen tot de Taal-, Land- en Volkenkunde* 121(1965) p. 391 note 5.

설법인(64존)

전법륜인(72존)

선정인(92존)

*상단과 맨 우측; 보로부두르의 불상 504존
이 결하고 있는 6종류의 수인.*

반한다. 보로부두르 하단 테라스 감실의 불상은 정확히 네 방향을 향하며, 각기 취하고 있는 수인 또한 다르다. 경전에 따르면 불상이 배치된 방향과 수인에 의하여 불명佛名이 결정되는데, 동면은 항마촉지인의 무동불無動佛(Akshobhya), 남면은 여원인의 보생불寶生佛(Ratnasambhava), 서면은 선정인의 아미타불阿彌陀佛(Amitabha), 그리고 북면은 시무외인의 불공성취불不空成就佛(Amoghasiddha)이다.

아직도 역할이 해석되지 않은 부처는 대탑의 5번째 방형 테라스 상단에서 보로부두르 5번째 수인인 설법인을 결하고 있는 부처다. 이 부처가 비로자나불일 가능성도 거론되지만, 당시 비로자나불의 수인과는 다르다는 견해가 일반적이다. 비로자나불은 가끔 원형 테라스 상단의 부처와 동일한 전법륜인을 결하지도 한다. 불상의 배치형식도 지금까지 알려진 체계를 따르지 않았다. 결과적으로 보로부두르가 밀교도상이라면 어느 종류의 만다라 시스템이 적용되었는지 결정하는데 가장 문제가 된다. 이는 마치 미륵불이 그의 손을 펴 보이는 순간에 진리가 전수되듯이, 이와 같은 지극히 단순한 문제가 해결된다면, 대탑과 관련된 또 다른 의문도 해결될 가능성이 많다.

영취산에서의 설법

프랑스 학자 파울 뮤즈Paul Mus는 원형 테라스의 부처와 관련된 의문은 『화엄경Lotus Sutra』[10]에서 답을 얻을 수 있다고 주장하였다. 경전은 인도에서 매우 이른 시기에 중국에 전해져 기원후 255년경에 중국어로 번역되었다. 『화엄경』의 부처는 여전히 석가모니와 관련이 있으나, 대승불교의 발전과정에서 초기단계에 속하는 경전이다. 경전에 다라니나 신비한 염송念誦은 언급되었으나, 밀교의 특징인 5불(5jinas, 정복자)이나 만다라는 거론되지 않았다. 경전에 등장하는 바즈라파니Vajrapani는 후대에 유행한 불교신중(인왕仁王)을 의미하는지, 아니면 인드라와 같은 베다의 신을 의미하는지도 명확하지 않다.

『화엄경』에 따르면, 석가모니가 영취산 정상에서 명상을 끝낸 후에 제자들에게 '깨달음에 이르는 길에는 3

10_ P. Mus, *Barabudur*(Hanoi: Imprimerie d'Extrême Orient, 1935), vol. 2, pp. 103 ff.

가지의 방법이 있지만 실제로는 하나다'라고 설법한다. 그리고 이와 같은 표면상의 모순은 정신적인 성취도가 다른 신도들을 교화하기 위함이며, 열반이란 불성佛性을 성취하는 것과 마찬가지라고 대중들에게 가르쳤다.

이 순간 거대한 칠보탑七寶塔이 모습을 드러냈다. "땅으로 부터 멀리 떨어져 공중 한가운데 멈춰 서 있다.

칠보탑은 다양한 소중한 것들로 장식되었다. 오천 개의 난간, 천만 개의 동굴과 같은 방, 그리고 그것을 장식하고 있는 셀 수도 없는 깃발들로 꾸며져 있다. 탑에는 보석으로 만든 염주가 길게 매달리고, 상부에 수억 개의 보석으로 만든 종이 매달려 있다. 탑으로부터 향기로운 백단향의 냄새가 온 세상에 가득 찼다. 깃발은 칠보로 만들었으며, 높이는 사천왕이 거주하는 궁전까지 이르렀다."[11]

칠보탑에는 석가모니가『화엄경』을 설할 때마다, 오래전에『화엄경』을 설하고 열반에 든 과거불過去佛이 나타났다. 과거불이 탑에 모습을 드러낼 때 석가모니는 몸을 날려서 그의 곁에 앉았다. 석가모니는 보석이 매달린 칠보탑 아래 구름처럼 모여든 또 다른 세계의 부처

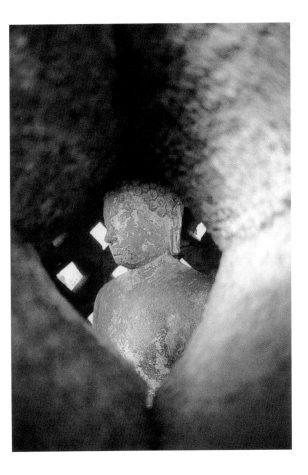

들과 보살들에게 설법하였다. 이 군중들은 실제 석가모니 자신의 화신化身이었다. 세상은 갑자기 천국으로 변하였다. 도시, 바다, 산과 숲이 모두 사라지고 보석으로 치장된 그물망과 향기로 가득했다. 인간들은 이 새로운

존재들을 위하여 다른 궁전으로 이동하고, 부처와 보살들이 보수寶樹 아래 좌정하였다.

그들은 아직도 석가모니와 너무 멀어 더욱 가까이 가기를 원했다. 석가모니가 주변에 거대한 공간을 마련하여 가까이에서 설법을 들을 수 있었다. 석가모니는 군중들에게 나는 곧 열반에 들 예정이니 이제 나를 대신하여 화엄경을 설법해달라고 요청하였다. 부처와 보살들은 모두 경전을 전파하겠다고 맹세하였다. 탑은 경전을 설법할 때마다 건립되었다. 탑에는 귀중한 것들을 안치할 필요가 없었는데, 그것은 부처의 현신顯身이 탑에 나타나기 때문이었다. 부처는 이어 "이 탑들은 정성 어린 공양물로 장엄하고, 꽃, 방향, 화환, 비단 깃발과 산개, 아름다운 음악으로 찬양하며, 모든 이가 기도할 것이다"[12]라고 설하였다.

『화엄경』에는 밀교적인 요소가 포함되어 있다. 석가모니는『화엄경』에 대하여 "이 경전은 불교 비법의 정수로 가득 찬 보고다. 경전이 보급되지 않았다면 우주의 주재자인 부처가 지닌 진리는 결코 인간들에게 명백하게 들어나지 않았을 것이다"고 설하였다.『화엄경』에는 밀교의 주불主佛인 비로자나불은 등장하지 않는다.

『화엄경』은 보현보살普賢菩薩이 산 정상에 오르며 극적인 절정을 맞게 된다. 보현보살은 보로부두르의 부조 패널에서 중요한 역할을 한다. 그는 "『화엄경』을 소지한 자를 보호하고 도울 것이며,『화엄경』을 읽고 암송하는 자 앞에 나타날 것이며, 그에게 다라니를 베풀 것이다"라고 언약하였다.

불상의 의미

보로부두르 대탑이 어떤 방식으로『화엄경』의 상징이 되었는가? 파울 뮤즈의 연구는 아직도 완성되지 않았으며, 대탑의 원형 테라스가『화엄경』의 내용을 주제로 설계되었다는 그의 가설도 더 이상 보완되지 않았다.

파울 뮤즈의 아이디어를 기초로 다른 학자가 상세한 이론을 제안하였다.[13] 그의 해석에 따르면, 원형 테라스의 중앙 스투파는 다름 아닌 과거불의 현신이 모셔진 스투파며, 원형 테라스는 경전의 내용을 참고로 설계하였다고 한다. 중앙 스투파는 과거불과 함께 땅으로부

시무외인(92존)

항마촉지인(92존)

여원인(92존)

가운데의 사진들; 대탑의 상부 원형테라스에 조성된 72개의 종형鐘形 스투파에 안치된 일명 '보이지 않는 부처'의 탑신 외부의 격자형 석재 창의 구멍을 통하여 볼 수 있다.

11_ *Scripture of the Lotus Blossom of the Fine Dharma*, translated by Leon Hurvitz(New York: Columbia University Press, 1976), p.183.

12_ Ibid. p.178.

13_ Ibid. p.178.

터 숫아오르는 칠보탑을 의미하며, 원형 테라스에 배치된 72존의 불상은 석가모니 설법에 참여한 수많은 부처와 보살을 상징한다. 탑신에 격자형의 구멍이 뚫린 스투파는 이미 깨달음에 이른 자들만이 부처를 볼 수 있다는 의미다. 상부 테라스의 스투파는 대지를, 낮은 두 테라스의 스투파는 칠보탑 아래 모여든 부처를 상징한다는 해석이다. 그리고 난간의 최상단에서 설법하고 있는 부처는 석가모니 자신으로, 그는 첫 번째 갤러리에서 석가모니의 일생을 묘사한 부조 마지막 장면과 마찬가지로 설법인을 결합하고 있다. 그는 전통적인 전법륜인(구멍 뚫린 스투파 내부의 부처와 마찬가지로)이 아닌 상부 난간의 부처들과 마찬가지로 설법인을 결합하며 최초의 설법을 하고 있다는 주장이다.

『화엄경』이 실제로 원형 테라스의 소의경전이며, 중앙 스투파가 석가모니와 열반에 들었지만 다시 현신現身한 과거불을 상징하였을 수도 있다. 그리고 이와 같은 가설로부터, 보로부두르 역시 신도들이 아직도 현실세계에 영향을 주는 그들의 조상들과 만나는 장소로 활용되었을 가능성도 배제할 수 없다. 이와 같은 관념은 자바지역에 산재한 선사시대부터 전하는 테라스 형식으로 만들어진 성소의 역할과도 일치한다.

상부 원형 테라스는 하부와는 다르게 높은 난간이 설치되지 않았다. 이는 아마도 부처가 자신의 화신化身인 무수한 신들의 방문을 받기위하여, 글자 그대로 개방된 공간이기 때문이다. 원형 테라스는 수많은 신들이 모이는 파라다이스로 변한 영취산을 상징하고, 부처들의 시선은 중앙스투파를 향하지 않고 반대로 밖을 향하고 있다. 그들이 마치『화엄경』에서 석가모니에게 서원誓願한 이후에 중생들에게『화엄경』을 설하고 있음을 보여주고 있다.

보로부두르는 수메르 산을 상징하며, 석가모니가 설법한 영취산을 상징하기도 한다.『화엄경』의 마지막 장인「보현보살행법경」에 보현보살의 출현은 상부 테라스와 그 바로 아래 갤러리에 조성된 마지막 부조와 관련이 있다. 대탑에서 중요한 두 장소에서 소재素材의 연관성이 암시하는 것은 보로부두르 대탑이『화엄경』을 소의경전으로 설계되었다는 논리에 더욱 설득력을 주고 있다.

원형 테라스와 관련된 또 다른 수많은 의문을 증명하는 것은 더욱 난해하다. 격자형 탑신에 안치된 불상이 상징하는 것은 아마도 화엄경이 설해진 곳마다 건립될 스투파에 안치된 부처는 깨달은 자만이 볼 수 있다는 석가모니의 가르침을 나타내기 위함이다. 원형 테라스에 배치된 72분의 부처가 상징하는 숫자의 의미도 아직까지 모호하다. 무슨 이유로 부처가 설법을 상징하는 설법인보다 초전법륜을 상징하는 수인을 더욱 선호하였는지? 왜 테라스가 완벽한 원圓이 아니고 코너가 둥근 방형方形에 더욱 가까운지? 왜 격자형 탑신의 구멍과 하르미카의 형식이 탑마다 다른지?『화엄경』은 이와 같은 수많은 질문에 아직도 해답을 주지 못하고 있다.

대탑의 상징물과 관련된 용어해석

보로부두르의 각종 조각상은 상징성이 강하며 다양한 모티프를 우리에게 전하고 있다. 우리는 보로부두르의 부조와 관련된 상세한 것들은 모두 알 수 없지만, 이와 같은 모티프를 통하여 작품의 주요 내용을 추측할 수 있다. 보로부두르에 묘사된 각종 모티프가 되는 기본 어휘語彙의 발견은 어렵지 않다.

보로부두르에 등장하는 모티프는 자바의 힌두교사원에서도 발견된다. 당시 두 종교는 예술적인 언어를 공유하고 있었으며, 대부분 인도로부터 전래되었다.

악사말라(Aksamala) "염주"

염주는 일종의 불교의식용 도구로 승려와 신도들 모두에게 중요하다. 한 줄의 염주念珠는 원래 108개로, 인간에게 고통을 주는 108가지의 번뇌를 상징한다고 한다. 평신도들은 평소 30-40개의 염주를 소지한다. 천주교의 묵주默珠와 마찬가지로, 염주는 기도나 절의 횟수를 헤아릴 때 도움이 된다.

소라

소라껍질은 고대 인도에서 전쟁 중에 병사를 지휘하는 나팔로 사용되었다. 소라는 불교와 힌두교에서 모두 중요한 상징이다. 불교에서는 경전을 설파할 때마다 소라의 강력한 음향이 사방에 울려 퍼진다. 소라의 모티프는 보로부두르의 패널 부조와 기둥에 새겨진 덩굴문양에서 다수 발견된다. 힌두교에서 소라는 비슈누의 중요한 지물持物이다.

상단 : 수많은 아름다운 여의주가 매달린 천상天上의 보수寶樹.

좌측; 벽에 돌출된 사자머리

불자(拂子, Fly Whisks)

불자拂子는 고귀한 신분과 관련이 있다. 불자는 실이나 깃털 더미로 만들어 모기와 같은 날벌레를 쫓는 도구를 말한다. 불자를 산개의 끝에 부착하거나 신분이 높은 자의 좌우에서 시중하는 하인이 주로 소지한다. 인도에서 불자는 야크의 꼬리털로 만들었으나, 자바에서 소재素材는 현지화 되었다.

보수(寶樹)

수다나(sudhana)는 여행 중에 목격한 보수에 대하여 "'빛나는 보석나무'라 부르는데, 마치 최고의 보석으로 치장한 화환과 천상의 보석과 여의주로 만든 꽃봉오리가 매달리고, 색색의 보석들로 장식되어 있다"고 언급하고 있다. 이와 같은 보수의 모티프는 보로부두르뿐만 아니라 다른 지역의 사원에도 다수 발견된다. 보수는 특히 프람바난의 힌두교 사원에서 많이 볼 수 있는데, 보수를 중심으로 반인伴人, 반조伴鳥의 킨나라(kinnara)가 좌우 측면에 각각 묘사되어 있다.

상단 : 한 쌍의 킨나라. 패널부조에 빈번히 등장하는 천상의 존재로 반인반조의 형상이다. 킨나라는 가끔 보로부두르 부조에서 중요한 역할을 한다.

우측; 입속에 사자가 표현된 마카라의 머리. 대탑의 정상으로 올라가는 계단의 좌우측 난간 하단에 위치한다.

카라(Kala)

힌두교의 전설에 따르면 카라는 거인 타이탄을 살해하기 위하여 시바가 창조하였다. 또 다른 전설에서는 카라의 머리는 라후(Rahu)라는 악마를 상징한다고 전한다. 신들과 악마들이 영생불사의 영약靈藥을 만들기 위하여 한때 대양大洋을 휘저었다. 악마 라후가 이 영약을 몰래 가지고 달아나자 신들이 그의 머리를 베어버리고 칼을 입속에 찔러 넣었다. 그러나 라후는 이미 영약을 삼킨 뒤라 죽일 수 없었다. 이후 카라는 불로장생의 영약을 상징하며, 조각에서 아래턱이 없는 머리만 묘사되거나 보석 목걸이나 괴수의 위턱에 매달린 장식등으로 발견된다.

킨나라(Kinnara)

킨나라는 신화에서 천상의 존재로, 보통 하부는 새의 다리와 날개로, 몸통과 머리는 인간으로 표현된다. 킨나라는 불교의 자타카에 주인공으로 등장하지만, 흔히 장식의 일부로 그의 도상圖像이 더욱 선호되었다. 킨나라는 원래 음악과 관련이 있으며, 수메르 정상에서 신들을 위하여 악기를 연주한다.

사자

사자의 모티프는 불교미술에서 매우 선호되었으며, 부처 자신은 가끔 용맹을 상징하는 사자의 음성으로 상징되었다. 보로부두르의 정면과 후면에서 몇 점의 사자상이 있으나 일부는 미완성으로 남아 있다. 보로부두르의 수많은 부조에 볼 수 있는 특별한 형식의 대좌에 사자나 사자의 발이 묘사되었다. 부조에서 사자는 야생의 숲을 상징하기도 한다. 기원후 902년에 중앙 자바지역에 라이온이라는 도시가 존재하였다. 사자는 물론 인도로부터 전래되었으며 동남아시아 지역에는 존재하지 않는다.

연꽃

연꽃은 불교미술에서 매우 흔하게 볼 수 있다. 부처의 대좌나 불탑의 기초형식, 그리고 보살이 한손에 긴 줄기 끝에 매달린 한 송이의 연꽃을 들고 있다. 매우 유명한 대승불교 염송인 '옴 마니 파데 훔'은 '보석 같은 연꽃을 찬양하다'로 해석된다. 사원의 정화와 관련된 만다라 의식 중에 금박으로 장식된 연꽃이 건물의 기초에 매장된다.

나가

산스크리트어에서 나가는 뱀을 뜻하나 자바에서는 보통 용신龍神을 상징한다. 뱀 또는 용은 고대 인도와 자바에서 보통 물이나 풍요와 관련이 있으며, 선신 또는 악신으로도 묘사된다. 보로부두르에서 나가는 인간의 형식으로 묘사되지만 다른 곳에서는 뱀의 형상으로 나타난다. 힌두교 신화나 미술에서도 나가는 중요한 소재이다.

마카라

코끼리의 코와 앵무새의 부리, 그리고 물고기의 꼬리를 함께 갖춘 이 신화의 동물은 인도와 자바의 힌두교와 불교사원에서 자주 목격되는 중요한 모티프다. 나가와 마찬가지로 마카라 역시 물을 상징하지만 문헌에는 거의 언급되지 않는다. 마카라는 성적인 욕정을 포함하여, 욕망으로 흥분된 인간의 에너지를 상징하기도 한다. 힌두교의 성적인 욕망의 신, 카마데바(Kamadeva)를 상징하는 깃발에 이 마카라가 묘사되었다.

마카라는 대부분의 자바사원에서 계단 입구 좌우측에서 볼 수 있으며, 가끔 마카라 입속에 사자나 앵무새, 전사戰士나 화환 등이 조각되었다. 마카라는 보로부두르에서 각층의 테라스 입구에 설치된 문의 좌우측에서도 볼 수 있다.

산개(傘蓋, Parasols)

산개는 과거와 현재 모두 인도와 동남아시아에서 귀족을 상징하는 매우 중요한 요소이다. 20세기에도 수많은 유형의 산개가 중앙 자바지역의 궁전에서 사용되었다. 산개의 색상이나 중첩의 규모는 주인의 신분에 따라 엄격하게 제한되었다. 보로부두르의 부조에 조각된 산개로부터 이와 같은 관습이 고대에도 존재했음이 짐작된다. 보로부두르의 대탑을 포함하여 수많은 스투파의 상부가 다층의 산개로 장식되었는데, 이는 석가모니 부처의 높은 신분과 관련이 있다.

암산(Rocks)

보로부두르 부조만의 독특한 모티프 중 하나는 암산巖山이다. 대부분 갈지자형으로 빽빽이 들어찬 기둥형상의 암석군巖石群으로 표현되었다. 이와 같은 모티프의 기원은 알려져 있지 않지만 아마도 자바가 최초일 가능성이 많다.

현인(Rsis 'Wise Men')

힌두교에서 현인은 원래 브라흐마의 아들로 그는 후대에 위대한 시인이자 철학자가 되었다. 현인은 보로부두르의 부조에서 긴 머리와 뾰쪽한 수염으로 식별이 가능하다. 경전보다 부조에서 훨씬 더 많은 현인들이 묘사되었는데, 당시 자바사회에서 중요한 구성원들이었음이 추측된다. 현인으로 보이는 고행자나 수행자들은 고대와 현대의 자바사회에서 매우 높은 존경의 대상이었다.

약사(숲속의 정령)

약사는 숲속에 거주하는 정령들로 보통 인간에게 해로운 존재들이다. 그들은 사로잡은 인간이 누구든지 게걸스럽게 먹어치운다. 보로부두르 부조에서 약사는 자주 등장하며, 보통 반원형으로 다듬은 긴 수염과 커다란 귀 마개로 식별이 된다.

제 3 장

부조의 내용

개론

보로부두르는 두 가지 관점에서 인류 역사상 유일한 기념물에 속한다. 하나는 불교의 각종 설화가 조각된 석조 패널의 믿을 수 없는 방대한 규모며, 다른 하나는 고도로 추상적인 작품을 그들만의 방식으로 창조한 높은 예술성이다. 부조는 아직도 해결되지 않은 많은 난제들이 우리를 괴롭히고 있지만, 스토리의 근간이 되는 경전이 규명되면서 각종 미스터리가 해결되고 있다. 지금까지의 연구 성과로 보로부두르에 조각된 1,460개의 패널은 5종류의 불교경전을 토대로 도해圖解되었음이 밝혀졌다.

그러나 부조의 전모全貌를 밝히는데 또 다른 요인要因들 때문에 아직도 어려움이 많다. 보로부두르의 예술가들은 동일 인물이나 사건을 패널마다, 심지어 인접한 패널까지도 다양한 방식으로 다르게 묘사하였다. 특히 대형 부조 패널은 대부분의 공간이 소재素材와 관련 없는 인물이나 건물들, 그리고 식물과 동물로 채워졌다. 이와 같은 조각가의 장식적인 환상으로부터 주제를 인식하는 일은 상당히 힘이 들며, 관련 인물이나 대상을 파악하는데 빈번히 실패하곤 한다. 또한 그들은 투쟁이나 폭력, 또는 고통 등과 같은 장면은 의도적으로 회피하였다.

또 다른 장애 요소는 19-20세기경의 유럽에서 불교와 관련된 지식의 결여로부터 발생하였다. 1814년 보로부두르가 발견될 당시, 서구에서 아시아의 언어나 불경이 기록된 필사본을 이해할 수 있는 학자는 거의 없었다. 이후 한 세기가 지나가며 중국과 일본, 그리고 히말라야의 격리된 사원이나 석굴에서 보존되어온 경전들

이 발견되고 해독되면서 보로부두르의 부조를 이해하는 과정은 급속히 진척되었다.

부조의 해석

1885년 러시아 과학자 올덴버그(S. F. Oldenburg)가 첫 번째 갤러리의 난간 측 하단부조가 자타카(Jatakamala or 'Garland of Birth Story')에 기초를 두었다는 사실을 발견하면서 획기적으로 진척되었다. 그리고 1901년에 네덜란드 학자 플레이트(C. M. Pleyte)는 첫 번째 테라스의 갤러리 주벽 상단부조가 『보요경(the Lalitavistara, 'Unfolding of the Play')』에 묘사된 '부처의 일생'을 다루었다는 사실을 추가로 확인하였다. 이후 1917년에, 네덜란드 '아시아고고학연구소'의 책임자인 크롬(N. J. Krom)이 보로부두르의 두 번째와 세 번째 갤러리가 『화엄경』「입법계품(the Gandavyuba, 'the Structure of the World compared to a Bubble')」의 내용을 근거로 조각되었다는 사실도 밝혀냈다.[1] 14년 후인 1931년에, 프랑스인 레비(S. Revi)가 보로부두르의 기초가 『인과응보경(the Mahakarmavibhangga, 'Great Classification of Action')』을 소재로 조각되었음을, 그리고 1938년에 고고학 연구소의 부책임자인 보쉬(F. D. K. Bosch)가 네 번째 갤러리 주벽의 내용이 『화엄경』「입법계품」의 후편(the Bhadracari)을 참고하였음도 잇달아 발표하였다.

그러나 보로부두르의 설계자들이 참고하였던 주요 경전이 밝혀졌음에도 아직도 수많은 난제가 남아있다. 첫 번째 테라스의 패널 부조가 『본생경(the Jatakas)』에 기

'부처의 비유담'과 관련된 부조. 궁정의 한 장면으로 왕과 왕비가 예방객(현인들) 앞에서 무언가를 의논을 하고 있다. (panel I. b94)

1_ 거품은 불교에서 현실세계의 덧없음을 상징한다. 인도에서 반구형의 고대 스투파 역시 거품의 형상과 유사하다.

'부처의 비유담'이 부조된 첫 번째 갤러리의 주벽. 어느 귀족차림의 인물이 나무아래 공손하게 앉아 있는 수염을 기른 인물들을 향하여 활을 겨누고 있다. 왼쪽은 8명의 신중이 이 장면을 바라보며 손을 모으고 있다. 다음 부조(마지막 장면)에서 이중 한명이 사망했으며, 화살을 쏜 귀족이 탑 옆에서 슬픔에 잠겨있다. 귀족이 그를 애도하기 위하여 스투파를 건립하였을 가능성이 있다. (panel I. b119)

초를 두었지만, 일부를 제외하고는 아직도 전모全貌가 해석되지 않고 있다. 당시 자바에서 다양한 버전의 경전이 통용되었는지, 아니면 단지 후반의 스토리만 다른 경전을 참고하였는지? 그리고 왜 보로부두르에서『화엄경』「입법계품」의 마지막 스토리를 경전과 어울리지 않은 장소에 배치하였는지? 등 또 다른 문제들이 학자와 이곳을 방문한 여행객들의 흥미를 북돋우고 있다.

보로부두르에서 부조 패널의 위치는 또 다른 연구대상이다. 부조의 내용을 일반적인 서술敍述의 관점에서 이해하면, 구체적인 단순함에서 시작하여 추상적인 관념의 방향으로 진행되었다. 현재 지표면 하단부의 기초의 부조는 '응징과 보상'이라는 시각적인 장면을 중요시한 반면에, 상층부는 천인들과 같은 미상未詳의 집단을 상당히 추상적으로 묘사하고 있다. 이와 같은 현격한 차이는 꽤 놀라운 일이며, 하층부의 알기 쉬운 단순한 주제로부터 상층부의 높은 단계로 나아가는 작품의 지적인 도약이 상당하다고 볼 수 있다.

첫 번째 갤러리의 난간에 조각된 자타카를 공부하면서 순례를 시작한 순례자 모두, 네 번째 갤러리의 주벽에 표현된 숭고한 교의를 이해하는 능력을 소유하지 않았을 가능성이 많다. 그들에게 테라스마다 설치된 칼라와 마카라로 장식된 문은 이와 같은 지적인 단계를 구분하는 장벽의 역할을 하였을까? 아니면, 신도들이 더욱 높은 테라스로 오르기 위하여 테스트를 받는 장소로 활용되었을까? 의문은 보로부두르 대탑의 전체구조를 검토할 때 상당부분 합리적일 수 있다.

그러나 이와 같은 시도는 당초부터 없었을 가능성이 있다. 새로운 단계로 나아가는 한정된 순례자들을 위하여, 초보자를 위한 의식은 보로부두르의 대탑이나, 한때 대탑의 북서쪽 고원지대에 위치하였던 사원(남서쪽의 요사체 등)에서 이미 행해졌을 것이다. 낮은 단계에 있는 초보자들은 상부 테라스로 입장하기위하여 상당한 수준의 성취도를 증명하도록 요구받았을 것이며, 그들은 질문에 대하여 경전을 암송하는 형식을 취했을 가능성이 많다.

문은 테라스의 입구를 봉쇄하기 위한 시설이 없으며, 신도들에게 상시 개방되어 있다. 첫 번째 두 개의 갤러리에 설치된 문은 대탑에서 원래 의도되지 않았던 시설물이다. 문을 장식하는 마카라가 후면에 연속된 부조를 가리고 있다. 이 새로운 문들은 단순히 장식용으로 추가되었지만, 아마도 대탑에서 다른 단계로 나아가는 일종의 심리적인 전환을 의미하였을 가능성도 있다. 보로부두르 대탑의 4면에 설치된 모든 계단과 문들은 순례자들의 동선動線을 제한하고 있지 않으며, 순례자들이 원하면 곧장 상층부까지 오를 수 있도록 설계되었다. 보로부두르에서 문은 높은 단계로 나아가는 일종의 상징물로도 볼 수 있다.

10단계의 깨달음으로 나아가는 길

순례자는 보로부두르의 부조를 서술된 순서대로 처음부터 끝까지 모두 감상하기위하여, 반듯이 대탑을 10회 순회(첫 번째의 갤러리를 네 번, 그리고 다음 단계에서 3개의 갤러리를 두 번씩)하여야 한다. 숫자 10은 불교에서 보살의 경지에 오르기 위한 10단계의 여정을 암시하나, 보로부두르의 10회 순행과는 일치하지 않을 가능성이 있다.

첫 번째 갤러리의 좌우측벽에서 상단부조는 틀림없이 하단의 부조가 완성된 다음에 조성되었다. 10회의 순행이 유지되기 위하여 첫 번째의 갤러리의 외벽이 무슨 이유로 두 종류의 부조(상단과 하단)로 장식되었는지 설명되어야 한다. 그리고 기초 하단에『인과응보경(the Mahakarmavibhangga)』의 내용이 구조적인 이유로 매몰되기 전에 부조의 배치가 결정되어야 10이라는 숫자가 유지된다. 기초하단을 첫 번째 순행 코스로 가정하면, 모두 11회의 순행이 되기 때문이다. 이와 같은 관점에서 갤러리의 구조는 보살의 10단계 여정과는 관련이 없으며, 설계 당시 기초 하단을 제외한 10회의 순행은 이미 결정되었을 가능성이 많다.

보로부두르 부조의 중심사상인 '보살'이라는 숭고한 이념은 자바불교의 역사에서도 지속적으로 중요하였다. 보로부두르 건립직후에 완성된 자바 최초의 불경은 주로 보살이 되기 위한 방법을 탐구하는데 초점을 맞추고 있다. 심지어 오늘날까지도 자바인의 신비스러운 이와 같은 믿음은 지속되고 있다. 보로부두르 역시 동일

『화엄경』「입법계품」에서 수다나의 선지식 善知識인 귀족차림의 인물이 부富를 상징 하는 궤櫃위에 앉아 있다. (panel II.88)

한 가치를 추구하였으나, 몇 가지 의문이 아직도 학자들을 괴롭히고 있다. 즉 보로부두르에서 보살이 되기 위하여, '어떤 방법으로 영계靈界의 힘을 얻을 것이며, 또한 어떤 방법으로 영적인 자유를 누렸는지' 이다.

불교에서 보로부두르 시대 이후에 이와 같은 목적을 추구하기위하여 변화된 것은 예술적, 그리고 건축적인 도구(수단)의 사용이었다. 탄트라(밀교 혹은 예배 의식서)의 기법도 보로부두르의 시대에 이미 적용되었지만, 대부분 이른바 우도右道밀교였다. 우도밀교는 성소를 순행하기위하여 우측의 방향(pradaksina[2], 시계방향)을 유지

---

2 역주 파리크라마(Parikrama)는 힌두교와 자이나교, 그리고 불교에서 모두 신성한 장소를 순행하는 것과 관련이 있다. 산스크리트어의 의미는 '무언가의 주변에 있는 길'을 의미하며, 순행을 뜻하는 프라닥시나(Pradakshina, 우측으로)로도 알려져

하며, 초기불교에서 악마라고 규정하였던 분노나 죽음 등에 대한 망상을 삼간가는 밀교의 행법이다. 그러나 몇 세기 후부터 우도보다 좌도左道의 밀교가 더욱 유행하였다.

보로부두르의 이후에 종교 건축물에서 신도를 위한 서사적인 부조의 사용은 더욱 일반화 되었지만, 부조를 관람하는데 요구된 순행로는 시계방향이 아닌 반시계방향이었다. 그리고 당시 자바의 경전은 높은 수준의 밀교로부터 영적인 힘을 열망하는 초보자를 위하여 5가지의 금지사항에 속하는 '의식과 관련된 엄격한 계율'을 지킬 것도 요구하였다.

보로부두르의 방문객들은 아마도 모든 계층으로 구성되었으며, 다양한 사유로 이곳을 방문하였다. 부조는 형이상학적인 주제임에도 내용은 종교 관계자보다 일반 민중을 위하여 의도적으로 일상日常의 사건이나 장면을 활용하고 있다. 즉, 종교적인 상상력을 표현하기위하여 건축물, 선박, 농사의 현장, 직물의 과정, 보석류, 춤 등과 같은 수 백 가지의 사례를 활용하고 있다. 아마도 하부를 방문한 관람객들은 특정 부조 패널 앞에 앉아서 관람하는 대신에 끊임없이 이동하며 관람하였고, 상부 테라스는 명상의 공간이었을 가능성이 많다. 대규모의 군중들이 모여들 경우는 탑에 입장하지 않고 단순히 주변을 순행하는 것만으로 자비를 구할 수 있었다.

승려인 스승들은 갤러리로 신도들을 인도하며 신앙의 교의教義를 설명하고, 부조의 내용을 실례로써 보여주었을 것이다. 탑의 정상까지의 여정을 완수하는데 틀림없이 하루가 넘게 소요되었다. 신도들은 대탑의 주변에서, 또는 갤러리를 오르며 새로운 단계마다 의식을 거행하였다. 전체의 순행 과정은 산의 정상을 향한 육체적인 상승上昇인 동시에 영적인 힘의 궁극적인 목표를 달성하기위한 지적인 상승이다.

반대편 : 아이를 앉고 있는 귀족부부가 만족한 표정으로 경비병, 하인, 그리고 수염을 기른 신하들의 시중을 받고 있다(두 번째 패널의 부분). (panel 0. 20)

있다. 기도의 상징으로써 파리카르마를 행하는 것은 힌두교와 인도의 다른 종교에서 중요한 요소이다. 사원이나 성스러운 장소에서 파리크라마는 대부분 시계방향이다.

『인과응보경』(The Mahakarmavibhangga)

세속적인 욕망의 환영

보로부두르의 하중을 보강하기 위하여 기초를 확장하기 이전에는 기초 외벽에 조각된 부조를 순행하며 감상할 수 있었다. 부조는 평지에 위치하며, 내용은 주로 순례자들에게 선과 악을 행함과 그 행위의 결과로 천당이나 지옥에 간다는 비교적 단순한 도덕적인 교훈을 담고 있다.

이와 같은 주제는 전통적으로 아시아지역의 각종 종교미술에서 유행하였다. 18-19세기 작품으로 추정되는 인과응보因果應報의 장면이 발리의 쿨룽쿵 왕조(the Kingdom of Klungkung)의 유명한 커타고사 정의의 홀(the Kertagosa Hall of Justice) 천정에 도해되었다(사진 10). 그리고 1930년에 건설된 싱가포르의 호 파 빌라(the Haw Par Villa)의 타이거 밤 정원(the Tiger Balm Garden)의 인공석굴에도 인과응보의 광경이 생생하게 묘사되어 있다.

경전

대승불교에서 고대로부터 인간의 특정 행위와 그에 따른 보상을 상세히 기록한 몇 권의 경전이 전하고 있다. 보로부두르의 기초에 도해된 내용은 산스크리트본本인『인과응보경(the Mahakarmavibhangga)』(행위의 위대한 심판)을 참고하였다. 그러나 보로부두르의 부조와 정확하게 일치하는 경전은 현재까지 존재하지 않는다. 실제로 보로부두르의 기초에 묘사된 장면은 이 경전의 내용과 비교할 때 상당히 다르며, 대탑의 다른 부조들의 소의경전과도 차이가 난다.

이와 같은 사실을 증명하는 일은 어려운 일이 아니다. 불교에서 근본적으로 중요한 경전들은 가장 오래된 문헌에 속한다. 경전은 부처의 설법을 집대성했으며, 대부분 인과응보의 교훈과 관련된 특별한 내용을 담고 있다. 불교의 전파과정에서 경전은 산스크리트어, 팔리어, 티베트어, 그리고 중국어와 중앙아시아의 쿠차어로 번역되고 보존되어 왔다. 그러나 각국의 언어마다 번역의 과정에서 내용이 상당부분이 바뀌거나 왜곡되었다. 더구나 경전을 그림으로 재해석하여 완성하는 작업은 쉬운 일이 아니다. 그래서 특정한 지적인 그리고 예술적인 능력을 획득한 자들이 필요했다.

부조의 내용

『인과응보경』의 이야기는 폭 200㎝, 높이 67㎝의 패널 160개에 조각되어 보로부두르의 기초주변(L=320m)에 배치되었다. 이 패널들은 1885년에 우연히 발견되어 1890-1891년경에 사진으로 완벽하게 보관되었다. 이후 다시 원상으로 복구되어 일부를 제외하고는 현재까지 볼 수 없다. 현재 대탑의 남동쪽에 남아있는 패널 4개는 1940년 초에 일단의 일본군 점령군들이 호기심 때문에 노출시켰다. 석조 패널은 일정한 순서에 따라 인간의 특정 행위를 먼저 묘사하고 그에 따른 보상이나 응징의 장면이 뒤를 잇고 있다.

부조는 불교경전이나 설화 형식으로 전해온 천국과 지옥의 다채로운 장면을 묘사하고 있다. 보로부두르에는 8종류의 '지옥의 장면'이 묘사되어 있다. 싸우고 있는 인간들이 묘사된 패널 다음에는 그들이 행위의 대가로 '산지바 지옥(Sanjiva hell)'에서 속죄하는 장면을 담고 있다. '산지바 지옥'은 날카로운 부리를 가진 새들의 공격을 받는 곳으로, 죄를 지은 자들은 못이 박힌 맨손을 서

로 붙잡고 비탄의 눈물을 흘리고 있다. 무고한 살인자는 '라우바라 지옥(Raurava hell)'에서 보상을 받는다. 진짜 범죄자들은 지옥에서 금속의 바늘로 뒤덮인 거대한 나무에서 찔리는 고통을 받는다. 친족 살해범은 '아비치 지옥(Avichi hell)'에서 벌을 받는다.

동물을 죽이는 자는 유사한 가혹함으로 벌을 받는데, 새를 쏘아 죽이는 자들은 '칼의 숲을 걷는 벌'을 받는다. 칼의 숲에서 나무에 매달린 단도와 같은 잎이 떨어지며 그들을 찌른다. 물고기와 거북을 요리하는 자는 '프라타파나 지옥(Pratapana hell)'에서 가마솥에 던져진다. 양의 가죽을 벗기는 자는 '칼라수트라 지옥(Kalasutra hell)'에서 머리를 톱으로 잘리는 형벌을 받는다. 구멍에 연기를 피워서 쥐를 잡는 자들도 '삼가타 지옥(Camghata hell)'에서 커다란 바위사이에서 짓눌리는 고통을 받는다.

2단계 지옥의 장면에서 범죄자들은 풀잎과 같은 단도 위나 끓는 물을 통하여 걷거나, 그들의 악행에 따라 코끼리에 짓밟히는 벌을 받기도 한다. 새나 네 발 달린 짐승, 송장을 먹는 귀신으로 환생하는 벌을 받기도 한다.

현재 노출된 4개의 패널 중 첫 번째 패널로 수많은 사람들이 병든 자를 돌보고 있다. 일부는 환자를 마사지하고 다른 자들은 환자를 위하여 연고와 약을 들고 있다. 왼쪽 장면은 이와 같은 행위에 대하여 보상을 받는 장면일 가능성이 있으나, 그 성격은 불명확하다.

노출된 네 개의 패널 중 두 번째 패널(0.20)로 나무를 경계로 우측 온화한 가족들의 평화로운 분위기와 좌측 술주정뱅이, 춤추는 인물들, 그리고 치근거리는 꼴사나운 인물들과 대비된다.

천당의 장면은 지옥에 비하여 정교하지 않는 편이다. 대부분의 장면들이 유사하며, 소원을 비는 나무[如意樹]나 머리가 인간이며 몸은 새인 한 쌍의 킨나라와 같은 상징물로 표현되었다.

이곳의 부조들은 보로부두르를 오르는 순례자들에게 선과 악의 차이를 분별시킴으로 열반을 성취하고, 존재의 슬픔으로부터 탈출하려는 욕망을 일깨우기 위하여 마련되었다. 그러나 이와 같이 중요한 장면들은 순례자들이 보로부두르에 다가가기 전에 이미 땅속에 매립되었다.

왜 건축가들은 원래의 기초가 구조적인 이유로 매립된 이후에 새로운 기초를 시공하는 과정에서 동일한 패널을 설치하지 않았을까? 이와 같은 의문은 아직도 해결되지 않고 있다. 아마도 순례자들에게 깨달음을 위하여 상부 테라스에 오르기 전에, 인과응보를 가르치는 또 다른 장소나 수단이 채택되었을 가능성이 있다.

명문

현재 노출된 기초에서 우측으로 두 번째 패널의 상단 몰딩부분에 고대 자바어로 '비루파(virupa)'(변형된, 혹은 흉[凶]하다는 의미)라고 새겨져 있다. '비루파'는 기초에 새겨진 40여개의 비교적 짧은 명문 중 하나로, 8세기후반의 명문으로 보고 있다.

명문은 대부분 하늘, 종鐘, 마을의 족장, 왕 등 단음절로 이루어 졌으며, 일부 추상적인 개념인 '탐욕'이나 '악마가 말하다', '잘못된 신념' 등도 포함되어 있다. 이 명문의 중요성에 대하여는 아직까지 이견이 있지만, 아마도 원래 모든 패널 상단에 새기었으나 이후 대부분이 마모되었을 가능성이 있다.

일부 학자들은 이 명문들이 조각가에게 일종의 지침용指針用으로 새겼을 가능성이 있다고 보고 있다. 또 다른 견해는 명문이 순례자들에게 부조의 내용을 이해하는데 돕도록 일종의 가이드의 역할을 한다고 주장한다. 그러나 이와 같은 주장들은 명문이 새겨진 이후에 대부분 지워졌다는 사실을 간과하고 있다. 지워지지 않고 현재까지 남아있는 명문은 부조를 덮고 있는 새로운 기초가 명문이 지워지기 전에 시공되었을 가능성이 있다.

첫 번째 난간 외벽부조

새로 확장된 기초위에 순례자들이 대탑의 주변을 순

회하는, 즉 자비를 구하는 프라닥시나(pradaksina)[3]나 우요의식右繞儀式을 위하여 대중들이 함께 걸을 수 있는 넓은 공간이 마련되어 있다. 원래 이 길은 현재 땅속에 매몰된 부조가 새겨진 낮은 기초의 외벽을 따라 조성되었다.

이 길을 걷는 동안에 방문객들은 대탑의 벽에 새겨진 다양하고 신비로운 작품들, 즉 정원의 괴물, 숲속의 정령들, 강과 호수와 관련된 나가(naga)나 물의 수호신들을 관찰할 수 있었다. 그리고 다양한 악기와 보석류, 꽃과 부채를 들고 있는 여성의 시중을 받는 인간들도 조각되었다. 이것들은 아마도 특정한 신화적인 사건이나 존재를 상징하는 것이 아니라, 단지 첫 번째 갤러리에 입장하거나, 상부의 신성한 산을 오르기 전에, 또는 초자연적인 존재가 거주하는 왕국에 입장하기 전에 그들의 상상력을 일깨우기 위하여 의도되었다.

다음 장; 첫 번째 갤러리의 주벽에 설치된 비유담 중 '루드라야나의 스토리'의 일부로 신앙심이 깊은 성직자 히루(Hiru)가 마침내 집에 도착하였다. 이 장면은 보로부두르의 부조에서 가장 유명한 장면 중 하나로, 우측에 묘사된 배는 고대 인도네시아의 선박과 관련된 중요한 정보를 제공하고 있다. 이 배는 동남아시아 전통의 노걸이 받침쇠를 장착하고, 몇 개의 돛을 달고 있다. 이 배에서 느낄 수 있는 강력한 운동감은 왼쪽에서 승객들이 집에 도착한 후에 남성과 여성들에게 환영받는 평화로운 장면과 비교된다.

맨 좌측에 묘사된 가옥도 보로부두르에 조각된 다른 가옥과 비교하면 더욱 사실적이다. 가옥의 구조는 자바보다 다른 지역의 가옥과 유사하다. 서 수마트라에서 미낭카바우지역의 가옥이 이와 유사한 기둥위에 세워졌으며 지붕도 용마루를 사용하고 있다. (panel I. b86)

3_ 역주 1) 참조

자타카와 아바다나(The Jatakas and Avadanas)

부처의 전생담과 비유담

보로부두르 대탑을 방문하는 순례자들이 마주하는 첫 번째 작품은 첫 번째 테라스에 마련된 갤러리의 부조들이다. 7세기 후반에 수마트라의 팔렘방을 방문했던 중국의 구법승 의정에 따르면, 수마트라의 불교도들이 탑을 돌며 큰소리로 염송念誦을 했다고 전한다. 보로부두르의 순례자들 역시 큰소리로 경전을 암송하며 대탑을 돌았을 것이다.

자타카(부처의 탄생설화)는 부처가 전생前生에서 환생還生과정에 보여준 자기희생과 관련된 스토리며, '아바다나' 혹은 '영웅적인 행위'는 초기 환생과정에서 주요 인물이 부처가 아니라는 점이 자타카와는 다르다. 이 두 스토리는 첫 번째 갤러리의 난간 측벽에 500패널(상단과 하단), 주벽에 120패널(하단, 상단은 보요경의 내용), 그리고 두 번째 갤러리의 난간측벽에 100패널 등 모두 720패널에 조각되었다.

보로부두르에는 상당히 많은 양의 자타카가 조성된 반면에, 아바다나는 비교적 적은 편이다. 이 스토리들은 우화나 동화, 사랑의 이야기, 그리고 영웅담 등과도 비교된다. 종교적으로 중요성이 거의 없는 '부처가 강도로 환생하는 장면'과 같은 아바다나 스토리도 두 개가 존재한다.

첫 번째 단계의 테라스에서 난간 측 상부 부조들은 대탑의 다른 패널과 비교할 때 예술적인 수준이 현격하게 떨어지는데, 이 패널은 원래의 것이 아니며, 후대에 추가되었다. 추가된 석재를 벽체의 전체구조로 통합하지 않고 단순히 테라스 가장자리에 설치했기 때문에, 대부분이 망실되거나 보수과정에서 부재가 더욱 많아 졌

다. 이와 같은 사유는 지금까지 밝혀지지 않았지만, 아마도 땅속으로 사라진『인과응보경』을 대체하기 위하여 의도되었을 가능성이 있다.

이 부조들의 내용은 아직까지 확인되지 않고 있다. 두 번째 갤러리의 난간 측 부조 역시 첫 번째 갤러리와 마찬가지로 거의 해독할 수 없는 자타카가 조성되었다.

소의경전

보로부두르에서 첫 번째 테라스의 난간 측 하단 부조는 4세기경 아리아수라(Aryasura)[4]의『본생경(the

상단 : 킨나라들이 연꽃으로 뒤덮인 호수 위를 날고 이중 한 두 마리가 뒤에 남아 있는 마노하라를 돌아보고 있다. 부처의 비유담 중 킨나라 마노하라를 생포하는 장면으로, 킨나라들이 모두 호수에서 도망갔지만 마법에 취한 마노하라는 뒤에 남아 있다. (panel I, b5)

반대편 : 대기 중인 여성들. 좌측에서 두 번째 무릎을 꿇고 있는 여성이 어깨위에 동물의 털로 만든 불자拂子를 들고 있다.

4_ 역주 경전 아리야 수라에서 자타카-마라(The Jātaka-Mālā of

지금까지 불교미술에서 관련된 몇 종류의 고대경전으로부터 100여종의 서로 다른 자타카스토리가 확인되었다. 보로부두르의 부조도 상당부분이 이와 관련있다. 100여종의 자타카스토리는 '백가지의 아바다나(Avadanasataka)' 또는 '천국의 아바다나(Dvyavadana)'로 불린다. 대부분 불교이전부터 전해온 인도 고유의 것들로, 경전을 읽을 수 없는 신자들에게 불교의 개념을 단순화시켜 가르치기 위하여 만들어 졌다.

보로부두르의 자타카는 첫 번째 135개의 패널 외에는 지금까지 알려진 어느 문헌과도 상응하지 않는다. 아마도 보로부두르의 설계자들은 단 한가지의 경전만을 참고하지 않았으며, 다양한 문헌과『본생경』을 혼합하여 조성하였을 가능성이 있다. 일부는 기록된 적이 없는 구두로 전래된 것도 있었다.

『본생경本生經』의 전생이야기

『본생경』의 다양성과 묘미는 대부분의 스토리가 짧고 단순하다는데 있다. 자타카의 스토리들은 필수적으로 부처가 전생에서 행한 자기희생을 신도들에게 권장한다. 보로부두르에서 자타카 스토리는 첫 번째 난간의 동쪽 계단에서 시작되어 시계방향으로 나아가며 연속적으로 전개된다.

스토리1(1-4 패널) - 미래의 부처가 산속에서 수행하고 있을 때, 굶주린 호랑이를 만났다. 부처는 호랑이에게 자신의 몸을 먹이로 내어주었다. 그러자 부처는 모든 신중神衆들의 경배를 받았다.

스토리2(5-9) - 미래의 부처가 왕이었을 때, 인드라신이 눈이 먼 장인으로 변장하고 나타나자 부처는 자신의 눈을 내어주었다. 이에 만족한 인드라신은 본래의 모습을 드러냈다.

스토리3(10-14) - 네 명의 탁발승에게 보시한 남자와 한명의 탁발승에게 보시한 여자는 각각 왕과 왕비로 환생하였다.

스토리4(15-18) - 미래의 부처가 상인집단의 우두머리였을 때, 그와 그의 부인이 탁발승들에게 음식을 나누어 주었다. 그 결과 그들은 끓는 가마솥의 벌을 피할 수 있었다.

부처의 전생담 중 8번째 장면으로 말을 타고 있는 미래의 부처가 괴물의 공격을 받지만 해를 입지 않는다. (panel I B, b29)

Jatakas)』을 참고하여 조각하였다. 이 경전을 통하여 첫 번째 135개의 패널에 조각된 약 34종류의 자타카가 해석이 가능하였으나, 아쉽게도 보로부두르에서 자타카와 아바다나의 시리즈(전체 720개의 패널)는 대부분 해석할 수 없다.

Arya Śura in Sanskrit)는 34종류의 자타카가 전한다. 아잔타 석굴에서 자타카의 장면은 6세기로 편년되는 이 아리야-수라로부터 인용되었다. 중국에서는 기원후 434년에 이미 중국어로 번역되었다. 보로부두르에서 자타카-마라로부터 34종류의 자타카가 묘사되었다.

스토리5(19-22) - 부유하고 매우 관대한 성품을 지닌 인간으로 환생한 미래의 부처는 인드라가 그의 재산을 훔치는 시험을 받았다. 그 결과 미래의 부처는 비천한 정원사가 되었으나, 그의 고귀한 덕성은 여전히 남아 있어 보상을 받았다.

스토리6(23-25) - 미래의 부처가 토끼였을 당시 그의 친구들(자칼, 수달, 원숭이)을 위하여 관대함의 중요성에 대하여 가르쳤다. 그때 인드라가 브라만으로 변장하고 나타났다. 토끼의 친구들은 모두 브라만에게 음식을 가져다주었으나 토끼는 그럴 수 없었다. 고민 끝에 토끼는 스스로 요리하는 불속으로 뛰어 들었다.

스토리7(26-28) - 미래의 부처는 부유하였음에도 수행자가 되었다. 당시 수행자로 변신한 인드라에게 부처가 자비를 베풀었다. 그 보상으로 가난한 자들에게 신들의 음식을 나누어주도록 허락을 받았다.

스토리8(29-35) - 미래의 부처는 마이트리바라라는 자비로운 왕으로 태어났다. 숲속의 귀신들이 부처의 왕국에 나타났으나 아무도 해를 입힐 수 없었다. 귀신들은 지나가는 목동(31)을 만나 왕의 선행 때문에 아무것도 할 수 없다고 고백하였다. 귀신들이 왕에게 인간을 위하여 먹을 것을 마련하라고 요구하자, 왕이 자신의 몸을 잘게 자르자 그들은 놀라 도망갔다.

스토리9(36-39) - 미래의 부처는 이름이 비스방타라로 시비족의 관대한 왕인 산자이야의 아들로 태어났다. 인근의 탐욕스러운 왕이 브라만을 보내 왕이 하사한 왕자의 코끼리를 달라고 요구하였다. 왕자가 거절하자, 시비족은 왕자의 탐욕을 비난하며 그를 추방해 버렸다. 인드라가 왕자를 유배에서 풀어주기 전에 그의 결심을 테스트하였다. (39)

부처의 전생담 중 6번째 장면으로 토끼로 환생한 미래의 부처를 한때 인드라 브라흐만으로 변장하고 방문하였다(좌측). 그의 친구 세 명(자칼, 수달, 원숭이)은 모두 브라흐만에게 음식을 공양하였으나 토끼는 그럴 수 없어 스스로 불속으로 뛰어들었다(우측). (panel I B, b2-25)

상단 : 정자에 앉아 있는 여인들과 현인. 지금까지도 해석이 불가능한 부처의 전생담으로 여성이 앉고 있는 어린애가 아마도 보살일 가능성이 있다. 그는 우측의 현인을 향하여 대화를 시도하고 있다. (panel II B, b42)

반대편 : 스토리 3의 장면 미래의 부처와 그의 부인이 한때 원숭이에게 음식을 공양한 보상으로 왕과 왕비로 다시 태어났다. (panel I B, b10)

스토리10(40-43) - 미래의 부처는 다시 왕이 되었다. 어느 날 궁정에서 브라만이 왕에게 나라를 위태롭게 하는 가뭄을 극복하는 유일한 방법은 희생밖에 없다고 하였다. 보통 희생이란 동물을 죽여 제사를 올리는 것이었으나, 왕은 동물들을 불쌍하게 여겨 악을 해하는 자들이 대신 희생될 것이라 신하들에게 명령하였다. (41) 그러자 모든 백성들이 선행을 하여 아무도 희생될 자가 없었다. 왕은 거지들에게 희생의 대가로 돈을 나누어 주었다.

스토리11(44-47) - 미래의 부처는 인드라로 다시 태어났다. 당시 선신과 악신 사이에 일어난 전쟁에서 선신들이 밀려 퇴각할 때 인드라신이 어떤 새들을 구하고자

되돌아왔다. 악신들은 혼란에 빠져 퇴각하였다.

스토리12 - 조각되지 않았다.

스토리13(48-52) - 미래의 부처는 다시 왕이 되었다. 브라만은 왕에게 그의 왕국에 사는 기혼여성과 결혼하지 않을 것을 조언했다, 왜냐하면 그녀가 왕의 정신을 흐트러뜨리기 때문이다. 그러나 어느 날 왕은 그녀를 보자마자 사랑에 빠졌다. 그녀의 남편이 그녀를 포기할 것을 요구하였으나 왕은 결국 거절하였다.

스토리14(53-55) - 미래의 부처는 나이 들고 눈이 먼 전직 항해사였다. 눈먼 항해사와 배를 함께 타면 행운이 온다는 믿음 때문에 상인들은 그를 설득하여 동행하자고 하였다. 배가 폭풍으로 항로를 벗어나 지옥의 문

턱까지 이르렀다. 미래의 부처가 하늘에 구원을 기도하자 배가 정상을 회복하였다. 폭풍우로 대양의 바닥에서 물 밖으로 밀려난 돌과 모래가 금과 보석으로 변하였다. 그들 모두 부자가 되어 고향으로 돌아왔다.

스토리15(56-57) - 물고기가 된 미래의 부처는 심한 가뭄에 비가 오기를 기도하였다. 인드라와 동행한 신들은 미래의 부처를 가엾게 여겨 비를 내려 저수지에 가득 채워주었다.

스토리16(58) - 미래의 부처는 숲속에서 살고 있는 어린 메추라기였다. 생명이 있는 것들을 먹을 수 없어 굶주리고 있었다. 산에 불이나자 그는 존경받지 못하던 불의 신에게 기도해 불을 멈추게 하였다.

스토리17(59-61) - 인드라로 환생한 미래의 부처가 브라만으로 변장하고 술이 취한 왕 앞에 나타났다. 그는 왕의 나쁜 버릇을 고쳐준다는 핑계로 술을 팔기위하여 술을 가져가자 왕은 술을 끊었다.

스토리18(62-63) - 미래의 부처는 부유하였으나 관대한 집에서 태어났다. 그러나 수행자로 살기위하여 속세와의 인연을 끊었다는 단순한 이야기다.

스토리19(64-68) - 미래의 부처가 다시 수행자가 되어 여섯 명의 형제와 한명의 누이와 함께 집을 떠났다. 그들은 연꽃 밭에서 살았는데, 인드라가 시험 삼아 미래 부처의 자리를 빼앗았다. 물론 시험은 통과되었으나 미래의 부처는 자신의 명상을 방해한 인드라를 비난하였다.

스토리20(69-71) - 미래의 부처는 왕실 재정 책임자(Royal treasurer)가 되었다. 어느 날 장모가 그의 아내를 방문해 그가 수행자가 될 것이라고 했다. 장모와 아내가 슬픔에 빠졌지만 그는 이 소식을 듣고 실제로 수행자가 되기로 결심했다. (패널 72는 내용이 확인되지 않았지만, 20-21의 스토리를 조각하였을 가능성이 있다.)

스토리21(73-76) - 미래의 부처는 한때 부유했으며 결혼한 브라만 신분이었다. 그러나 그가 수행자가 될 것을 결심하자, 그의 부인도 함께 하였다. 그들은 미래 부처의 부인을 빼앗아간 왕을 만났다. 왕은 미래의 부처가 지닌 정신적인 힘에 두려움을 느껴 그의 부인을 되돌려 주었다.

스토리22(77-80) - 미래의 부처가 백조의 우두머리로 있을 때, 이름이 수무카인 어떤 백조의 도움을 받았다. 인간 왕이 사냥꾼에게 명령을 내려 백조의 우두머

상단 : 마노하라의 스토리 상세도. 수다나가 킨나라의 궁정에서 마노하라와 재결합하며 매우 기뻐하고 있다. (panel I B, b19)

좌측 : 마노하라가 궁정에서 하늘로 탈출하고, 새들도 그녀를 따라 하늘 높이 오르고 있다. 그녀가 허공에서 양 무릎을 굽히는 자세는 고대의 종교미술에서 천인들이 하늘을 유영遊泳하는 모티프다. 그녀가 신속하게 날아오르며 보여준 손과 팔의 동작은 매우 유연하며 아름답다. (panel I, b11)

리가 포획되었지만, 수무카는 그를 두고 떠나지 않았다. 사냥꾼은 수무카의 덕행에 놀라 풀어주기를 간청하였다. 그러나 부처와 수무카는 사냥꾼에게 문제가 생기는 것을 원치 않았다. 스스로 왕에게 나아가자 왕은 그들을 풀어주고 보좌에 앉혔다.

스토리23(81-85) - 미래의 부처는 왕의 총애를 받는 마하보디(Mahabodhi)라 불리는 고행자였다. 그러나 다른 신하들은 그를 질투하여 왕에게 그를 멀리하도록 간언하였다. 미래의 부처가 신하들과의 치열한 논쟁 끝에 그들의 교리가 틀렸음을 증명하자, 왕은 다시 미래의 부처를 총애하였으며 복직시켜 주었다.

『비유경譬喩經』의 영웅적인 행위

왕자와 요정 마노하라(패널 I.b1-20); 첫 번째 갤러리의 주벽 하단(상단은 부처의 일생 스토리가 부조됨)에서 약 20개가 넘는 패널이 수다나(Sudhana) 왕자의 스토리를 담고 있다. 내용은 디비야바다나(the Divyavadana; the Divine Story)라고 불리는 경전을 참고하였을 가능성이 있다.

수다나는 북부 판차라 왕국의 왕세자로 태어났다. 자비로운 왕이 다스리고 있는 이 왕국은 부유했다. 궁정의 별장에서 왕과 왕비가 산개와 나무아래 신하와 승려들에 둘러싸여 회의를 하고 있다. (1) 왕과 왕비의 후면에는 공작의 깃털로 만든 불자拂子와 나뭇잎으로 만든 불자가 조각되어 있다. 우측 건물은 궁전으로 중앙에 감실이 마련되었고, 감실 내부에 꽃병으로 사용된 소라가 조각되어 있다. 평화롭고 조화로운 이 왕국은 나가(물의 정령)를 매혹시켰다. 나가는 왕국과 가까운 호수에 살기위하여 이 나라로 이사했으며, 그 결과 왕국의 농토는 물을 충분히 공급할 수 있었다.

반면에 적대국인 남부 판차카 왕국은 사나운 폭군이 다스리고 있었으며, 나라가 가뭄이 심하고 매우 가난하였다. 어느 날 남부 판차카 왕이 사냥 가는 도중에 가뭄으로 고생하고 있는 여러 마을을 지나게 되었다. (2) 왕의 신하 중 한명이 왕에게 '왕의 행위'가 나가를 실망시켜 그가 왕국을 축복하지 않는다고 간언하였다.

왕은 여러 신하들에게 누구든지 나가를 우리 왕국으로 돌아오게 하면 포상하겠다고 제안하였다. 뱀을 다루

는 마법사가 왕 앞에게 나아가, 7일 이내에 나가를 북부 판차라에서 우리나라로 데려올 수 있다고 장담하였다. 그가 나가를 유혹하는 주문을 외우자 효과가 나타나며 나가는 저항할 수 없었다. 나가는 그가 원치 않는 남부 판차카로 갈 수밖에 없었지만, 극적으로 호숫가에 살고 있는 사냥꾼 하라카의 도움을 받았다. (3)

나가는 고마움에 대한 보상으로 하라카를 초대하여 짐승을 옭아매는데 절대로 실패하지 않는 '요술의 밧줄'을 선물로 주었다. (4) 사냥꾼은 밧줄을 이용하여 이름이 마노하라라는 요정(반인반조半人半鳥의 킨나라-부조에서 마노하라는 완전한 인간으로 묘사되었다)이 호수에서 목욕하고 있는 사이에 그녀를 포획하였다. (5) 마노하라는 그녀가 사냥꾼의 소유임을 보여주기 위하여 이마를 장식하고 있던 보석을 사냥꾼에게 주었다.

어느 날 사냥꾼은 우연히 궁정에서 사냥 나온 왕자 수다나를 만나 요정 마노하라를 그에게 선물로 주었다. 수다나는 그녀를 보자마자 사랑을 느꼈으며, 사냥꾼에게 큰 보상을 하였다. (6) 수다나는 곧 그녀와 결혼을 하였다.

두 명의 브라만이 북부 판차카를 방문하였다. 그중 한 명은 왕의 우두머리 승려가 되었으며, 다른 한 명은 수다나가 왕이 된 이후에 우두머리 승려가 될 것이라는 수다나의 약속을 받았다. 이 소식을 전해들은 왕의 우두머리 승려는 수다나를 제거하려는 계획을 세웠다. 그는 왕을 설득하여 예전에 일곱 차례나 공격을 감행했던 반역자들이 살고 있는 땅에 왕자를 보내 제압하도록 하였다. (7)

수다나 왕자는 어머니에게 마노하라의 보석을 맡기며 그가 없는 동안에 그녀를 지켜달라고 부탁하였다. (8) 화면에서 수다나는 그의 어머니인 왕비와 함께 수많은 군중 가운데 묘사되었다. 수다나는 어머니를 존경하는 제스처를 취하고 있다. 나머지 공간은 부채나 꽃, 그리고 경전에는 언급되지 않은 깃발을 들고 있는 시녀들로 가득 채워져 있다.

수다나는 전쟁에 나아가 숲속 요정의 도움으로 반역자들을 소탕하였다. (9) 그날 밤 왕은 꿈을 꾸었는데 우두머리 승려를 불러 해석을 부탁했다. 승려는 왕의 꿈이 수다나의 승리를 의미한다는 사실의 알았지만, 왕자를 제거하기 위하여 다른 음모를 시도하였다. 그는 왕에게 거짓으로 꿈은 불길한 재앙을 예고하는데, 킨나라를 희

마노하라의 스토리로 님프들의 왕국에서 수다나가 마노하라의 반지를 물 항아리에 넣으려는 자세를 취하고 있다. 좌측에 도열한 님프들이 연못에서 물을 길러 왕궁으로 나르고 있다 (panel 1, b16)

생시켜야 막을 수 있다고 조언하였다. (10) 처음에 왕은 거절하였으나 결국 그의 요청을 수락하였다.

왕비는 마노하라에게 위험이 닥치고 있다는 사실을 깨닫고 보석을 돌려주며 그녀가 도망치도록 허락하였다. 미노하라는 지체 없이 멀리 날아갔다. (11) 그리고 왕비는 사랑하는 왕자를 위하여 호수 근처에 살고 있는 수행자의 집으로 갔다. 그녀는 수행자인 현인賢人에게 반지를 주며 킨나라가 살고 있는 나라에서 마노하라를 찾을 수 있는 방법을 물었다.

전쟁에서 승리하고 귀국한 수다나는 왕에게 인사를 드리고 마노하라에게 달려갔다. 그러나 마노하라는 이미 떠나고 없었다. 킨나라 왕의 궁정에서 돌아온 왕비는 왕자에게 마노하라의 소식을 알려주었다. (13, 14) 수다나는 그녀를 찾기 위하여 길을 떠났고 우연히 현인의 거처에 도착하였다. 현인은 왕자에게 어머니의 반지를 돌려주며, 마노하라의 왕국에 갈 수 있는 방법을 자세히 가르쳐 주었다. (15)

수다나는 킨나라의 왕국에서 마노하라에서 풍기는 인간의 냄새를 제거하기위하여 물을 긷고 있는 요정을 만났다. 왕자는 물 항아리 중 하나에 반지를 넣고 마노하라가 반지를 발견하기를 기다렸다. (16) 마노하라는 반지를 보자 수다나를 궁정으로 데려올 수 있는 방법을 궁리하였다.

마노하라는 왕자가 그녀와 함께 궁정에 머물 수 있도록 아버지의 허락을 구했다. 처음에는 왕이 수다나를 죽이겠다고 위협했으나, 차츰 누그러지며 두 가지 테스트에 통과하면 허락하겠다고 약속했다. 첫 번째는 수다나가 화살로 7개의 나무를 관통한 후에 금 사과를 꿰뚫어야 하며, 둘째는 수많은 유사한 님프들 가운데에서 마노하라를 찾아내는 일이었다. (17, 18)

수다나는 두 가지 테스트를 모두 통과해 마노하라와 다시 결합하였다. 화려한 연회가 킨나라의 궁정에서 펼쳐졌다. (19) 두 커플(마노하라는 마모되었다)은 시중들, 말들, 그리고 코끼리와 함께 화면의 중앙에 앉아 있다.

보로부두르에서 독특한 구성요소로 꼽히는 아름다운 자태로 춤추는 무희는 생략되었다. 그러나 음악가들은 화면 우측에 상세하게 묘사되어 있다. 왕좌王座 하단에 휘날리는 연꽃과 잎들로 장식된 상자의 모티프는 다른 부조에서는 발견되지 않았으며, 그 역할 역시 알려지

지 않고 있다.

마침내 수다나는 마노하라와 함께 판차라로 돌아와 왕이 되었으며, 오랫동안 행복하게 살았다. 왕과 왕비는 변함없이 백성들에게 자애롭고 친절하였다. (20)

패널 21-30의 내용은 확인되지 않고 있다.

만다타 왕자 (패널 Ⅰ.b31-50)

만다타의 스토리는 첫 번째 갤러리의 주벽 하단에 묘사되었다. 일련의 패널 부조가 암시하고 있는 내용은 대부분 확인되었지만, 현존하는 경전과는 상당히 벗어나 있다. 그리고 몇몇 부조는 우리가 기록된 형태로 보존하고 있는 경전과 다른 자료를 참고하였다.

어떤 왕이 여성을 상징하는 생명수를 마시고 이마에서 만다타라는 아들을 낳았다. (31-38) 왕이 죽자 만다타는 왕이 되었다. (39) 왕이 되고 나서 만다타가 첫 번째로 한 일은 그의 명상을 방해한 새를 저주하던 현인들을 추방하는 일이었다. (40)

만다타는 그가 원하면 무엇이든 즉시 이루어진다는 사실을 깨달았다. 첫 번째로 백성들이 경작할 수 있는 땅이 부족하자 하늘로부터 '곡식의 소나기'가 내리기를 원했다. (41) 백성들이 옷을 짜는 방적기가 없어 하늘로부터 실을 내리도록 하였다. 그러나 실을 엮어 옷을 만들어야 한다는 것을 깨닫고, 하늘에서 펄럭이며 떨어지는 옷을 또 원하였다. (42)

만다타는 점차 자만심이 넘치고 이기적으로 변해갔다. 그는 황금의 비가 7일 동안 자신의 방에만 내리도록 하였다. (43) 만다타가 다음으로 원하는 것은 세상을 정복하는 것으로, 역시 성공하였다. (44)

마지막으로 만다타는 신하들에게 이제 남아있는 것이 무엇이냐고 물었다. 그는 오직 하늘에 있는 신들만은 그도 어쩔 수 없다는 것을 알았다. 그러자 인드라신이 만다타에게 신들의 왕국 절반을 지배하는 권한을 주었다. 만다타는 악마들과의 전쟁에서 신들에게 승리를 안겨주었으며, (47) 그는 신들의 세계를 혼자서 통치하겠다는 야망을 또다시 품게 되었다. (48, 49)

그러나 불가사의한 응징이 이어지며, 그는 하늘에서 즉시 추방되었다. 그는 자신이 이룬 모든 것에서 아무것도 만족할 수 없다는 것을 깨달으며 마침내 죽고 말았다. (50)

패널 51-52의 내용은 확인되지 않고 있다.

반대편 : 마노하라의 스토리. 킨나라의 궁전에서 수다나와 요정이 다시 만나서 기뻐하는 장면으로 춤추는 여인들과 악사들이 묘사되었다. (panel Ⅰ.b19)

상단과 반대편 : 자비로운 시비왕에게 경배하는 장면. 부조에서 인드라는 왕이 스스로 베어낸 살을 왕에게 돌려주고, 왕은 대좌위에 앉아서 신들과 신하들의 찬사를 받고 있다. 신들은 명호를 알 수 있는 특별한 특징이 표현되지 않았다. (panel Ⅰ.b57)

인드라와 시비족의 자비로운 왕(패널Ⅰ.b56-57)

신들의 왕인 인드라는 자비로운 사람들을 다양한 방법으로 시험하는 스토리에 빈번히 등장한다.

인드라가 매로 변장하고 비둘기를 쫓자 비둘기는 시비왕에게 날아가 보호를 요청했다. 매가 비둘기를 먹도록 허락하지 않으면 자신은 당장 굶어 죽을 것이라고 왕에게 항의하였다. 왕은 비둘기와 동등한 무게의 자신의 살을 베어주겠다고 제안했다. 그러나 저울의 추가 기울지 않도록 비둘기와 동일한 무게의 살을 베어낼 수 없었다.(56) 왕은 계속 자신의 살을 베어냈으나 실패를 거듭

하고, 마지막으로 그의 전신全身을 내어주었다. 인드라는 마침내 왕의 덕성이 훌륭함을 인정하고 왕을 위하여 다시 완전한 신체를 만들어 주었다. (57)

왕자를 시험하다(패널Ⅰ.b58-60)

시비왕의 스토리와 유사함.

자비로운 왕비(패널Ⅰ.b61-63))

왕비는 왕자가 나병에 걸려 추방되었으나, 그를 따라 함께하였다. 왕비의 자비로움은 인드라를 감동시켰

다. 인드라는 왕자의 나병을 고쳐주었고, 그들은 함께 궁정으로 돌아왔다.

왕 루드라이야나와 왕비, 그리고 사악한 왕자의 운명(패널 I.b64-88)

　루드라이야나(Rudrayana) 왕은 자비로운 왕이었다. 한때 부처가 살고 있는 라자그라(Rajagrha)에서 방문한 상인들이 왕을 면담하고 있었다. 그들은 라자그라에서 빔비사라라(Bimbisara)는 자비로운 왕의 통치를 받았다고 들려주었다. (64) 루드라이야나 왕은 빔비사라에게 서

신(65, 66)과 함께 고귀한 보석을 선물하였다. (67) 빔비사라도 훌륭한 의복을 넣은 상자를 보내왔다. (68) 루드라이야나 왕은 더욱 귀중한 선물인 보석으로 치장한 갑옷을 보냈다. (69) 빔비사라 역시 그가 가장 가치 있다고 여기는 '부처의 그림'을 왕에게 답례하였다. (70)

　루드라이야나 왕은 그림 속의 부처에 대하여 알기를 희망하며, 빔비사라 왕에게 승려를 보내줄 것을 요청하였다. (71, 72) 왕비 역시 같은 가르침을 구하자(74), 빔비사라로부터 한 여승이 도착하였다. 왕비는 여승의 가르침에 너무 감동하여 자신이 직접 승려가 되어(74) 자비를 얻었으며 영성의 길로 나아갔다.

　왕비는 왕에게 나아가, (75) 그들이 하늘나라에서 다시 만날 수 있도록 속세를 떠나 스님이 될 것을 간청하였다. 루드라이야나 왕은 왕자에게 왕의 자리를 물려주고(76) 부처가 있는 라자그라로 향했다. 라자그라에서 부처는 왕을 승려로 임명하였다. 어느 날 왕은 탁발 중에 빔비사라 왕을 만났다. 빔비사라 왕은 루드라이야나에게 다시 왕이 될 것을 권고하였으나, 그의 굳은 결심을 꺾을 수 없었다. (77)

　왕위를 계승한 아들 시칸딘(Sikhandin)은 아버지와는

매에게 쫓기는 비둘기를 살리기 위하여 자신의 살
을 베어준 덕이 높은 시비왕의 스토리. 신들(인
드라와 브라흐마)이 매와 비둘기로 변장하고 왕
을 시험하고 있다. 화면의 중앙에 배치된 대형
저울로 왕의 살과 비둘기의 무게를 비교하고 있
다. (panel I . b56)

다르게 폭군이 되었다. 루드라이야나는 상인들로부터 이 소식을 듣고 그의 아들을 타이르기 위하여 돌아갈 것을 결심하였다. 그러나 시칸딘은 먼저 사람을 보내 숨어서 기다리다 그의 아버지를 살해하도록 명령하였다. 왕이 길에서 아들의 자객을 만나자 잠시 동안 참선을 할 수 있도록 요청하였다. 왕은 참선 후에 그의 아내와 마찬가지로(78) 영성을 얻었으며, 자객에게 자신을 죽이도록 허락하였다.

아들 시칸딘은 이 사실을 알고 죄를 뉘우치기 시작하였다. 그러나 악마는 그가 새롭게 태어나는 것을 방해하였다. (80) 왕자는 또다시 아버지를 불교도로 이끈 승려를 산채로 매장하였으나, 아버지의 옛날 신하가 개입하여 겨우 목숨을 건질 수 있었다. (81) 목숨을 구한 승려는 신하들에게 이 도시에 앞으로 6일 동안 하늘에서 금과 보석이 떨어지겠지만, 7일째가 되면 거대한 모래 폭풍이 도시를 삼켜버릴 것이라고 예언하였다. 신하는 하늘에서 떨어진 귀중한 것들을 서둘러 배에 싣고 새로운 도시로 피신하였다. (82)

모래 폭풍우가 시작될 무렵 승려는 신하의 아들과 함께 도시를 떠났다. 그들은 그가 탁발용 바루를 두고 온 도시를 방문하였다. 그의 바루는 사람들이 유골과 같이 경배하며 위에 탑을 세우고 정기적으로 의식을 드리고 있었다. (83) 그들은 또 다른 도시를 방문하였는데, 그곳에서 사람들은 신하의 아들이 그들의 왕으로 남아줄 것을 간청하였다. (84) 세 번째 도시에서는 승려가 사용하던 지팡이를 기념하기 위하여 지팡이와 함께 스투파를 새로 건립하였다. (85)

주인공들은 새로운 고향에 도착하였다. 히루(Hiru)라는 신하는 이름이 히루카(Hiruka)가 되었고, (86) 승려는 스라바스티(Sravasti)가, (87) 그리고 또 다른 신하 비루(Bhiru)는 비루카차(Bhrukaccha)가 되었다. (88)

발라티야와 킨나라 (패널Ⅰ.b89-91)

베날레스(Benares)의 왕 발라티야(Bhallatiya)가 히말라야 산에서 사냥하는 도중에 서로 껴안고 비탄에 잠겨 울고 있는 한 쌍의 킨나라를 목격하였다. (89) 킨나라는 왕에게 그들은 홍수로 인하여 하룻밤을 떨어져 지냈다고 고백하였다. 킨나라 부부는 이미 천년을 함께 살았고 홍수는 697년 전에 발생하였지만, 그들은 잃어버린 하

룻밤을 슬퍼하고 있었다. (90) 왕은 궁정으로 돌아와서 여러 신하들에게 킨나라의 스토리를 전해주었다.

패널 91-105의 내용은 확인되지 않는다.

마이트라카니야카의 스토리 (패널Ⅰ.b106-112)

베나레스 왕국에 어느 상인이 살고 있었다. 그의 아들 마이트라카니야카(Maitrakanyaka)가 태어난 직후 그 상인은 항해 중에 사망하였다. 마이트라카니야카가 성인이 되자 어머니에게 아버지의 직업을 여쭈었고, 자기도 같은 직업을 갖기를 희망했다. 그러나 어머니는 아들이 해외로 위험한 여행을 하는 것을 원치 않아서, 그의 아버지가 가게를 운영하였다고 일러주었다. 가게를 연 아들은 첫날 수입한 동전 4냥을 가난한 자들에게 나누어 주라며 어머니에게 드렸다.

아들은 그의 아버지가 향수 중매상이었다는 이야기를 전해 듣고, 중매상으로 변해 즉시 8냥을 벌어들이곤 또 다시 어머니에게 드렸다. (106) 이후 그의 아버지가 금 세공인이었다는 소문을 듣고 다시 금 거래상이 되어 처음에는 16냥을 벌고, 두 번째는 32냥을 벌었다. 이에 시샘을 하고 있던 다른 상인들이 그의 아버지의 진짜 직업이 진정한 모험가인 항해사였다고 아들에게 일러주었다. 아들은 마침내 바다를 건너는 무역상이 되기 위하여 모험을 결심하였다. 그의 어머니가 떠나지 말 것을 간청하였으나, 어머니를 뿌리치고 출발하였다. (107)

마이트라카니야카는 배가 폭풍우를 만났지만, 구사일생으로 바닷가에 도착한 후에 4명의 요정이 살고 있는 마을로 가는 길을 발견하였다. 그는 그곳에서 한동안 행복하게 살았지만, (108) 그는 8명의 요정이 살고 있는 다른 마을로 항해하기를 원했다. (109) 몇 년 후에 그는 또 다시 16명의 요정이 살고 있는 마을로 떠나기를 원했고, (110) 이와 같은 야망은 계속 반복되며 결국 32명의 요정이 살고 있는 마을의 입구에 도달했다. (111)

그러나 마이트라카니야카가 마을의 입구에 도착하였을 때, 그를 맞아주는 요정이 더 이상 없다는 사실을 깨닫고 그는 파멸을 직감했다. 요정들 대신에 그의 어머니를 학대한 죄로 쇠바퀴(112)가 계속 머리를 찢는 벌을 받고 있는 어느 한 남자가 나타났다. 마이트라카니야카가 다가가자 쇠바퀴는 남자의 머리로부터 즉시 날아와 그에게 같은 고통을 주었다.

어린아이들이 강가에서 놀고 있고, 이들을 돌보는 여인들이 지켜보고 있다. 우측에서 약사로 보이는 인물이 위협하자 어린들이 놀라 뒷걸음을 치고 있다. 그는 어린이들과 여인들을 향하여 위협하는 제스처를 취하고 있다. 맨 좌측에 다른 어린이가 강의 상류를 향하여 무언가 손짓을 하고 있다. 이 장면과 관련된 정확한 해석은 현재로선 불가능 하다. (panel I . b95)

마이트라카니야카는 또 다른 인간이 나타나 같은 고통을 받을 때까지 벌은 66,000년간 계속될 것이라고 들었다. 그러나 마이트라카니야카는 같은 고통을 다른 사람과 함께 나누기 위하여 쇠바퀴를 영원히 쓰고 있겠다고 제안하였다. 그러자 즉시 마이트라카니야카는 고통에서 벗어났으며, 천국에서 환생하였다.

패널 113-120의 내용은 현재까지 확인되지 않는다.

상인 마이트라카냐카의 난파선과 선원들이 요정의 섬에 도착하는 장면. 바다의 괴물이 배를 침몰시키고 선원들은 구조선 한척을 타고 육지로 오르고 있다. 좌측에 배를 단념한 인물들이 보트를 타고 있다. (panel I, b108)

상인 마이트라가나카가 16명(부조에는 11명이 묘사됨)의 요정들의 환대를 받고 있다. 이후 그가 다시 새로운 도시로 향하자 그곳에서 더욱 많은 요정들이 그를 환영하였다. (panel 1, b110)

반대편 : 루드라야나 스토리 중 일부 상세
도. 라자그라에 위치한 궁전에서 왕 앞에 신
하들이 앉아 있다. (panel I . b77)

왼쪽; 마이트라칸야카 스토리 중 마지막 장
면으로 그는 66,000년 동안 쇠바퀴가 머리
를 찢는 벌을 받는다. (panel I . b112)

미상未詳의 장면으로, 왕(혹은 보살)이 왼손에 연
꽃을 수지하고 사자대좌에 앉아 있다. 좌측에 신
하들이, 그리고 우측에는 궁녀들(일부 공양물을
들고)이 왕을 중심으로 도열하고 있다. 왕의 좌우
측은 불자를 든 시녀가 삼곡자세三曲姿勢로 협시
挾侍하고 있다. (panel I.b113)

전장(panel Ⅰ.b113)의 마지막 장면으로 주요인물
(아마도 전장에서 사자대좌에 앉은 인물과 동일
한)이 경연競演이 예정된 숲으로 향하고, 그의 시
종들이 활과 화살을 들고 따르고 있다. 화면의 좌
측 숲속에서 다양한 동물들이 생동감 있게 뛰어
놀고 있다. (panel Ⅰ.b114)

보존 상태가 좋지 않은 미상의 장면(부분)으로 대좌에 앉
아 있는 보살 우측 상단은 전투용 말과 코끼리가, 그리고 하
단에는 수염을 기른 병사들이 칼을 들고 앉아 있다. (panel
I. b115)

부조의 정확한 내용은 알려져 있지 않다(부분). 신중으로 보이는 남성들이 활을 쏘고 있는 귀족을 향하여 무언가 기원하는 제스처를 취하고 있다 (panel I, b119)

어느 신이 가우타마에게 승복僧服을 공양하고 있다(중앙). 가우타마(성도이후의 부처로 육계와 나발이 묘사되었다)의 좌측에 도열한 신들은 명호名號와 지물이 현재까지 알려져 있지 않다. 맨 좌측에 공작새, 원숭이, 코끼리들이 생동감 있게 묘사되었는데, 경전과는 관련이 없는 작가자신의 창작물이다. (panel 83).

『보요경』(The Lalitavistara)
석가모니의 일생

보로부두르의 갤러리로 접근하는 방법은 동서남북이 모두 같지만, 부조의 스토리가 시작되는 입구는 동쪽에 있다[5]. 이는 순례자들이 보로부두르의 동쪽(사진11)으로 접근하기 위하여 멘듯사원(사진7)과 파원사원(사진12)의 방향에서 일단 멈춰서야 한다는 것을 의미한다.

보로부두르의 순례자들은 동쪽 계단을 통하여 입장한 후에 방향을 왼쪽으로 전환하면서 그들의 탐방이 시작되며, 보로부두르의 대탑은 항상 순례자들의 오른편에 위치한다. 부조 패널을 순서대로 보기위하여 대탑주변을 시계방향으로 돌며 영적인 자비로움을 체험하는 우요의식右繞儀式이 시작된다.

첫 번째 갤러리에 들어선 신도들은 좌우 벽에 상하 2단으로 조성된 4종류의 부조 패널과 마주한다. 대부분의 순례자들은 어느 패널에서 가르침이 시작되는지 정확히 알지 못한다. 지금까지 검토한 바, 3종류의 패널에 자타카와 아바다나의 스토리가 조각되었음이 확인되었다. 순례자의 우측 상단에 위치한 나머지 패널은 갤러리에 입장한 신도들의 가장 주목을 받는 패널이다. 이 패널은 세계적으로 널리 알려진 역사적인 붓다, 즉 석가모니, 또는 고타마 싯다르타의 일생을 도해하였다.

이 '부처의 일생' 스토리는 대탑의 첫 번째 갤러리의 우측 상단 전체(120패널)를 차지하고 있다. 부조의 소의 경전인 『보요경The Lalitavistara』은 부처의 '마지막 환생'은 '그가 존재로부터 사라지기전에 인류를 구하기 위하여 의도되었다'는 가르침을 토대로 쓰여 졌다. 보로부두르에 조성된 '부처의 일생' 부조는 전 세계에 존재하는 관련 유적 중에서 가장 정교하다는 평가를 받는다.

『화엄경』「입법계품」의 '수다나의 스토리'는 두 번째 갤러리의 일부와, 세 번째, 그리고 네 번째 갤러리까지 조성되어 보로부두르의 부조 중에 가장 긴 패널에 속한다. 그러나 '석가모니의 일생' 스토리(120패널)는 오직 석가모니 환생의 마지막 단계만 묘사했을 뿐, 이미 첫 번째와 두 번째 갤러리의 720개 패널에서 '석가모니의 전생' 스토리가 묘사되었다.

경전

고타마 싯다르타의 일생과 관련된 몇 종류의 문헌이 고대 아시아지역에 전해졌지만, 고타마 사후 몇 세기 안의 것은 존재하지 않는다. '부처의 행위'와 관련된 경전(The Buddhacarita[6])은 두 가지 버전이 존재한다. 하나는 약 2,200년 전에 인도에 살았다는 상가락사(Sangharaksa)가 편찬한 경전으로 현재 중국어 번역본이 존재한다. 다른 하나는 기원후 2세기경에 인도의 아스바고사

5_ 역주 동쪽으로 입장하는 순례자의 입장에서 서방에 위치한 보로부두르 대탑은 서방정토에 해당된다.

6_ 역주 - 부다차리타("Acts of the Buddha"; Buddhacaritam, Devanagari) 경전은 아바고사가 엮은 '가우타마 부처의 일생'과 관련된 서사시로 산스크리트 마하카비야 양식으로 구성되었다. 2세기 초에 완성된 이 경전은 전체 28절 중 첫 번째 14절은 산스크리트본으로 현존하나, 이후 15-28장은 미완성된 형식이다. 기원후 420년에 다르막세나(Dharmakṣema)가 중국어로 번역하였으며, 7-8세기경에는 중국보다 산스크리트 원전에 가까운 티베트 버전이 이루어 졌다.

반대편 : 가우타마 부처는 성도이후 첫 번째 설법을 베풀기 위하여 베나르(Benares)로 출발하였다(부분). 가는 도중에 몇 개의 마을을 지나갔는데, 마을마다 주민들이 환영하였다. 부조에서 주민들이 부처에게 각종 공양을 드리고 있다. (panel 109)

상단 : 도솔천의 석가모니. 화면 가운데 석가모니를 중심으로 우측 상단에 천인들이 무릎을 구부리고 날고 있고, 좌측 요정들은 향로를 들거나 각종 악기를 연주하고 있다. 구름위에 떠다니는 북과 같은 악기들은 이곳이 천상의 장면임을 암시하고 있다. (panel 1)

오른쪽 ; 도솔천에 있는 천상의 악사들(상세도). (panel 1)

(Asvaghosha)가 쓴 경전으로 알려져 있다. 이 두 경전은 부처가 열반에 이르기까지 그의 일생에서 일어난 중요한 사건들을 다루고 있다.

보로부두르의 설계자들이 참고한 『보요경(The Lalitavistara)』은 비교적 짧으며, 바라나시의 '사슴농장의 설법'까지를 기술하였다. 석가모니는 그의 마지막 환생을 포기하기 전에, 즉 열반에 이르기까지 40년이 넘는 세월동안 떠돌며 불법을 가르쳤다. 부처가 윤회를 포기한 이 놀라운 사건에 대하여 대승불교에서는 첫 번째 설법인 '사슴농장의 설법'이 자타카를 포함한 그의 전생前生에서 가장 절정기絶頂期였기 때문이라고 주장한다. 논리적인 관점에서 부처가 첫 번째 설법을 완수한 다음에는 중생을 위하여 설법을 증명하는 것이다. 이는 보로부두르의 상단 갤러리에 조성된 『화엄경』「입법계품」으로 완성되었다.

고타마 싯다르타는 실재하는 인간이 아니라, 다른 존재들이 깨달음을 성취하는 것을 돕는 보살이라는 정체성을 갖는다. 그러므로 그에게 일어난 마지막 사건인 '사슴농장의 설법'은 지극히 사소한일 수 있다. 보로부두르는 석가모니에 대한 신앙을 고취하기 위한 건조물이 아니라, 어떤 경로를 통하여 보살이 되는지를 가르치는 하나의 도구며, 그들이 그와 같은 목표를 달성하기 위하여 도움이 되는 장소다. '고타마의 스토리'는 단지 하나의 사례에 불과하지만, 그럼에도 불구하고 매우 소중한 '중생들이 열반에 이르는 길'을 고타마가 몸소 실천으로 보여주었다.

부조의 내용

보로부두르 네 개의 갤러리 중에서 첫 번째 갤러리의 패널이 남벽의 일부를 제외하고 보존상태가 가장 양호하다. 대탑위에 수세기동안 쌓인 흙의 보호막이 이 갤러리가 가장 두터웠기 때문이다. 지구의 남반구에 위치한 대탑의 남벽은 일 년 중에 겨우 몇 달만 햇볕이 드는 습한 상태가 지속적으로 유지되면서 석재에 유해한 이끼류가 좋아하는 환경이 조성되었다.

보로부두르 부조의 내용이 대부분 단조롭고 매우 추상적이기 때문에 경전은 예술가들에게 절대적인 영향을 끼치지 않았다고 본다. 사실 경전과 부조를 비교해보면, 대탑의 설계자와 조각가들이 경전의 복잡한 서술과 철학적인 개념들을 리듬과 우아함이 자연스럽게 배어난 작품으로 승화시킨 그들의 성취를 인정하게 된다. 고대 자바에서 음악은 오늘날과 마찬가지로 예술가들에게 중요한 역할을 하였을 것으로 추측된다. 당대의 조각가들은 악기와 춤의 동작에 익숙했으며, 순례자들 역시 부드러운 자바의 가멜란(gamelan)[7]에 귀를 기울이

7. 역주 - 가멜란은 인도네시아 자바와 발리의 전통음악으로 특히 타악기 중심으로 만들어진 합주곡이다. 타구봉으로 연주하는 철금鐵琴과 케당이라는 손으로 연주하는 드럼이 대표적이다.

며 대탑의 주변을 느린 걸음으로 걸었을 것이다.

깨달음의 과정

에피소드 1; 부처 탄생의 서곡

1-15 패널은 첫 번째 갤러리의 동쪽 계단에서 시작되어 남쪽 끝 코너까지 이어진다. 괄호안의 숫자는 경전과 상응하는 보로부두르의 부조 패널을 지칭한다. 대승불교의 극락에 속하는 도솔천에 미륵불이 등장하면서 스토리는 시작된다. 그는 아직 부처의 반열에 오르지 못한 보살의 단계로, 보로부두르 부조에 조각된 다른 부처와 구분하기 위하여 우리는 그를 '석가모니'라고 호칭한다.

도솔천(The Heaven of The Contentment)은 수메르 정상에 있는 인드라신의 궁전 위에 떠있는 구름에 있다. 미륵불(미래의 부처)은 거의 셀 수 없는 신들의 존경과 찬미를 받으며, 수 백 만개의 악기가 연주하는 음악과 꽃들의 향기가 가득한 이곳에 살고 있다. (1) 미륵불은 어느 날 신들에게 자신은 곧 인간의 땅에서 환생할 것을 결심했다고 일러주었다. (2) 그는 자바에서 높은 신분을 상징하는 요가파타(yoga patta)라는 허리띠로 우측무릎을 편하게 지탱하고 있다(사진13). 요가파타는 오랜 시간의 선정禪定에서 다리를 풀고 휴식을 취할 때 도움이 된다. 유희자세(ardha paryangka)로 호칭되는 이 자세는 좌측 발과 무릎은 선정상태로 지면에 그대로 둔 채, 우측 발과 무릎을 일으켜 세우고 쉬는 자세다.

고타마의 탄생을 앞두고, 신들이 브라만들을 가르치기 위하여 지상으로 내려오고 있다. (3) 부조 패널의 우측 상단 코너에 현재 손상된 두 인물이 하늘에서 하강하고 있는 신들을 표현했을 가능성이 있다. 화면의 좌측에 브라만(콧수염, 턱수염과 묵은 머리, 그리고 간소한 차림새 등으로 묘사됨)으로 변장한 신이 가르침을 전하고 있다.

또 다른 신이 벽지불(pratyeka-buddha[8])에게 부처가 머지않아 지상에 오실 것이라고 전하기 위하여 바라나

다른 악기들은 실로폰(목금), 대나무 피리, 라밥이라고 부르는 그릇모양의 악기가 추가된다. 여기에 시덴이라는 보컬을 곁들이기도 한다.

8_ 역주 한역 『아함경』에서는 연각(緣覺) 또는 벽지불(辟支佛)이라는 호칭을 사용하고 있다.

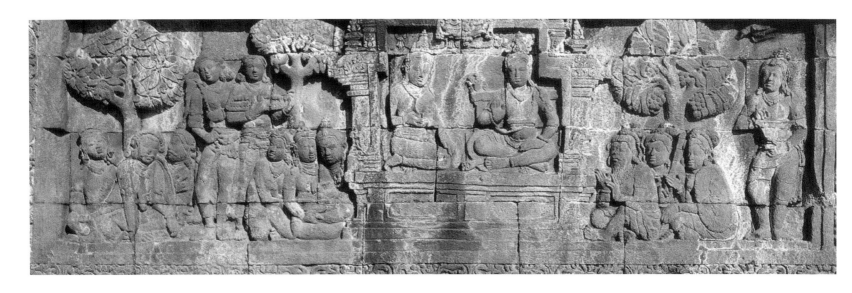

카필라바스투의 궁정에서 왕 수도다나와 왕비 마야가 숲속의 정원에 마련된 누각에 앉아 있다. 왕비가 왕에게 지금부터 금욕할 것을 요청하자 왕은 허락하였다. 왕은 왕비를 향하여 허락한다는 제스처를 취하고 있다. 경전에는 왕비가 만 명의 여인들과 함께 왔다고 기록되어 있다. 부조에서 그들은 왕비 후면에 5명의 여인들로 대체되었다. 우측에 경비병과 하인들이 도열하고 있고, 좌측의 인물들은 경전에 언급되지 않았다. (panel 8)

시의 사슴농장(부처의 집과 가까운)으로 갔다. 그는 벽지불에게 부처에게 경의를 표하고 현실속의 존재를 단념할 것을 요청하였다. 그러자 벽지불들은 하늘로 올라가 모두 열반에 들어갔다. (4) 부조에서 우측의 인물은 이미 상승을 시작하고 있다.

부처는 신들에게 '불법에 이르는 방법'을 가르치고, (5) 미륵보살에게 왕관을 주며 그의 계승자인 미래의 부처로 임명하였다. (6) 미륵보살은 하늘에서 내려와 그의 어머니 뱃속으로 들어갈 때 무슨 형상을 취하느냐고 여쭈었다. (7) 참가자 중 일부는 그가 인간의 형상으로 내려가야 한다고 제안하였다. 그러나 전생에 수행자나 현자로 보이는 자가 '브라만의 교서'에 의하면, "미래의 부처는 어금니가 여섯 개인 멋있고 강력한 코끼리의 형상으로 하강 한다. 이 코끼리는 마치 휘황찬란한 금색의 망으로 둘러싸여있으며, 머리는 붉고 앞머리에서 향기가 발산되는 가장 아름답고 활력이 넘치는 모습이다"[9]고 주장하였다.

석가모니 미래의 어머니와 아버지인 마야왕비와 수도다나왕은 카필라바스투라는 도시의 궁정에서 살고 있다. (8) 왕은 왕비 마야가 금욕수행을 하겠다는 맹세를 수락한다. 여신들이 마야가 석가모니의 어머니가 될 자격을 갖추었는지를 확인하기 위하여 카필라바스투라로

9_ N. J. Krom, *Archaeological De scription of Barabudur*(The Hague: Nijhoff, 1927), vol.I. p.108.

내려갔다. (9) 왕비 마야는 시중들과 함께 그녀의 거실에 앉아 있다. 패널 상단의 우측 코너에 호기심이 가득 찬 두 천녀가 미래부처의 어머니를 친견하기 위하여 하강하고 있다.

신들이 누각樓閣에 앉아서 그들 중 누가 지상에 내려가는 부처와 동행할 것인지를 의논하고 있다. (10) 누각은 나무기둥과 보 등에 칼라의 머리가 조각된 장식성이 강한 자바 고유의 펜도포(Javanese pendopo)를 충실하게 묘사하고 있다(사진4-4). 누각의 우측에는 케두 평원의 남단에 위치한 캔디-나원Candi Ngawen 사원과 유사한 뒷발로 일어선 사자상이 배치된 건물이 묘사되었다.

부처가 지상에 내려가기 직전에 다른 수많은 보살들이 고마움을 표현하기 위하여 도착했다. (11) 부처의 '위대한 하강' 장면에서 셀 수 없는 신들과 요정들, 그리고 다른 초월적인 존재들이 부처와 함께 누각의 대좌에 앉아 있다. (12)

부조 상단의 좌측 코너에 코끼리의 형상으로 변한 부처가 왕비 마야가 잠든 사이에 그녀의 자궁으로 들어간다. 그날 밤 연꽃 한 송이가 대양大洋에서 피어올라 브라흐마의 하늘까지 닿았다. 연꽃에는 모든 '창조의 정수'가 담겨져 있다. 브라흐마가 존경의 표시로 청금석으로 만든 병에 정수를 담아서 부처에게 드렸다. (13) 이 장면은 고대의 불교미술에서 매우 유명한 일화 중 하나로, 유사한 모티프가 인도의 유적에서 쉽게 볼 수 있다. 보

로부두르의 설계자들이 당시 일반적으로 통용된 인도 불교미술의 전통을 따르고 있다는 것을 방증한다.

어머니의 뱃속에서 석가모니는 아담한 정자에서 신들의 방문을 받고 그들에게 불법을 전하고 있다. 석가모니는 설법을 상징하는 수인을 결하고 있다. (14)

마야 왕비는 아소카나무가 있는 숲으로 떠나기로 결심하였다. 그녀는 도착하자 시녀를 왕에게 보내 이곳에서 만나자고 요청하였다. (15) 부조에서 왕비는 선체로 무릎을 꿇고 있는 시녀를 향하여 한손을 뻗고 있다. 아

마도 왕에게 심부름시키는 장면이다. 그녀의 좌측에 묘사된 궁전은 거의 화면의 절반을 차지하고 있다. 궁정보다는 사원과 더욱 유사한 이 건물의 지붕 코너마다 칼라와 마카라가 조각된 문과 탑들로 장식되었다. 지붕 꼭대기에 금강계의 표상表象인 바즈라가 장식되었는데, 자바불교에서 매우 중요한 상징물이다. 이와 같은 지붕 장식은 지금까지 발견된 적이 없어 바즈라가 실제로 장식되었는지, 아니면 예술가의 상상력인지 현재로서는 판단할 수 없다.

왕비 마야가 하녀들의 시중을 받으며 정자에 잠시 잠들고 있다. 이 순간 그녀는 보살의 어머니가 될 것 이라는 신의 고지告知를 받는다. (panel 9)

상단과 우측; 석가모니의 위대한 하강 下降. 도솔천궁의 한 장면으로 좌측 수행원들 모두 무릎을 구부린 자세로 표현되었고, 석가모니의 대좌 아래 천상을 상징하는 구름이 새겨져 있다. 정자의 대좌에 좌정한 석가모니를 신들, 요정들, 그리고 다른 초월적인 존재들이 수행하고 있다. 그들이 들고 있는 각종 산개와 불자는 고대의 자바사회에서 고귀한 신분을 상징한다. 특히 산개는 종류가 다양하며 다양한 그들의 신분을 나타낸다. 장식용 띠와 깃발, 그리고 불자가 펄럭이며 화면에 등장한 인물들이 하늘에서 이동 중임을 암시하고 있다. (panel 12)

에피소드 2; 부처의 탄생과 유년시절

패널 16-45는 보로부두르 대탑의 남쪽 면에 있다.

왕이 도착했을 때, 갑자기 숲속으로 더 이상 들어갈 수 없었다. 어떤 신이 왕에게 다가와서 왕비가 '미래의 부처'를 잉태하고 있기 때문이라고 일러주었다. (16) 부조에서 왕은 왕비가 기다리고 있는 정자 밖에 서있고, 정자는 화면 중앙에 작게 묘사되었다. 왕비가 거처하는 정자의 지붕은 수많은 바즈라 모티프로 장식되었다. 이 사건은 숲속에서 일어났지만 나무는 보이지 않는다. 대신 왼쪽에 경전에 언급되지 않은 왕의 코끼리가 보이는데, 코끼리는 산개와 마찬가지로 고대의 자바에서 귀족

의 상징이다.

왕비는 왕에게 코끼리가 그녀의 몸 안으로 들어오는 꿈을 꾸었다고 알려주고, 꿈을 해석하는 브라만을 보내달라고 요청하였다. (17) 부조에서 왕비는 탄원하는 몸짓을 취하고 있는 반면에, 왕은 이를 허락한다는 몸짓을 취하고 있다.

브라만이 왕과 왕비에게, 왕비께서 아들을 낳을 것이며 이 아들이 장성하여 전륜성왕이 되거나 부처가 될 것이고 예언하였다. (18) 브라만은 머리모습과 턱수염으로 쉽게 구분되며, 특히 그는 화면에서 높은 자리에 앉아 있다. 왕과 왕비는 브라만의 예언에 만족하며 그에

코끼리로 변장한 석가모니가 마야의 자궁으로 들어가고 있다. 마야는 화려한 궁전에서 잠이 들고, 하인들은 부채질 하거나 그녀의 발을 마사지하고 있다.

게 의복과 다른 선물을 주었다. (19)

인드라와 다른 신들은 왕비가 임신 중에 거처할 수 있도록 그들의 왕궁을 제공하였다. (20) 부조에 등장하는 신들의 명칭은 확인되지 않고 있다. 그들은 매우 화려한 정자에서 우측에 좌정한 왕을 향하고 있다. 신들 역시 왕과 마찬가지로 왕비를 위하여 다양한 궁전을 지었다.

아직 태어나지 않은 석가모니는 신들과 왕을 실망시키지 않게, 왕비의 환영幻影이 마련된 모든 궁전에서 살도록 하였다. (21) 부조에서 왕비와 함께 표현된 왕궁은

모두 3개며 지붕마다 바즈라로 장식되었다. 주변에 석가모니를 모시기 위하여 4명의 여신이 도착하였다.

임신 중에 왕비는 신비한 영적인 능력을 얻었다. 초월적인 존재에게 사로잡혀 괴로워하는 인간들이 그녀를 보면 정상적으로 변하였고, 왕비가 오른손을 병자의 머리위에 얹거나, 풀 한 다발을 쥐어주면 병이 완치되었다. (22) 부조에서 왕비는 병든 팔을 붙잡고 있는 귀족차림의 인물을 향하여 손을 뻗고 있다. 그녀 곁에 수많은 군중들이 왕비의 손길을 기다리고 있다. 왕비의 후면에

는 문이 묘사되었다.

샤카족은 다가오는 석가모니의 탄생을 축하하며 가난한 자들에게 선물을 나누어 주고 있다. (23) 샤카족의 왕은 맨 우측 끝에 조각된 독특한 형식의 건물 앞에 서 있다. 건물은 2층의 목조구조로, 보로부두르 건립 당시의 토속건물을 표현하고 있다. 이와 같은 건물은 현대의 자바에서는 사라지고 없지만, 네팔 지역에 아직도 남아 있다. 이 건물은 사탈(sattal)이라 부르는데, 산스크리트어로 '사설구빈원, almshouse'에서 기원하였다. 구조는 1층 또는 다층의 정자 형식으로 내부에 임시 거처를 원하는 거지나 수도자를 위한 공간이 따로 마련되어 있다. 건물 중 일부는 종교사원으로도 사용된다.[10]

왕은 왕비가 임신 중일 때 수행자로 살았다. (24) 부조의 우측에 손상된 부분은 왕을 표현했을 가능성이 많다. 화면에서 표현된 수많은 군중들과 그들의 다양한 모티프는 현존하는 경전에는 기록되지 않았는데, 고대 자바의 또 다른 경전을 참고했을 가능성이 있다.

왕자의 탄생이 다가오자 상서로운 다양한 징조들이 나타났다. 히말라야에서 내려온 어린 사자들이 도시를 한 바퀴 돌고나서 대문 앞에 평화롭게 엎드려있고, 어린 코끼리들이 왕에게 다가와서 발에 상아를 터치하고 있다. 왕의 방에 어린 신들이 나타나 왕의 무릎위에 앉아 있고, 다른 방도 이 신들이 같은 행동을 취하고 있다. (25)

왕비 마야는 왕에게 룸비니의 '환희의 정원(룸비니동산)'에서 해산할 수 있도록 요청했다. (26) 그녀는 화면의 우측에 앉아 있고, 왕은 중앙에 묘사되었는데 현재 대부분이 지워졌다.

왕비 마야는 마차를 타고 대규모의 수행원들과 함께 '환희의 정원'으로 출발하였다. 경전에 의하면 84,000마리의 말과 비슷한 규모의 코끼리 수레들, 그리고 수행하는 병사들, 시녀, 음악가, 여신들과 함께 다른 초월적인 존재들이 뒤를 이었다. (27)

왕비가 룸비니동산에 도착했을 때, 어떤 나무에게 다

가가자 나뭇가지가 요술처럼 그녀를 향하여 휘어져 내려왔다. 그녀는 나뭇가지를 붙잡고 오른쪽 허리에서 석가모니가 탄생하였다. 어린 석가모니는 신비하게도 태어나자마자 동서남북 네 방향으로 7걸음을 딛고, 그가 걷는 발걸음 마다 땅에서 연꽃이 피어올랐다. (28) 부조에서 왕비는 시녀가 그녀의 발을 닦고 있는 동안에 여전히 나뭇가지를 붙잡고 있다. 새로 탄생한 왕자(불행하게도 상당히 손상됨)는 연꽃으로 표현된 7걸음을 딛고 있다.

사카족이 곧 다가올 보살의 탄생을 축하하며, 중생들에게 보시를 행하고 있다. 중심인물은 높은 관을 착용하였는데, 사카족의 왕일 가능성이 있다. 왕이 직접 현인들과 백성들에게 음식을 나누어 주고 있다. (panel 23)

10_ For illustrations, see H. Slusser, *Nepal Mandala* (Princeton: Princeton University Press, 1982), vol. Ⅱ. Figure 19 shows "Indra-sattal," Khadpur village, a two story *sattal* with a square mandala plan; figure 20 depicts "Sundhara-sattal," Patan, which has a rectangular plan.

룸비니동산으로 향하는 마야 왕비의 행렬도. 수많은 사카족의 사람들이 왕비를 호위하고 있다. 왕비는 마차에서 궁정을 향하여 뒤를 돌아보고 있다. 조각가는 산개와 깃발을 전방으로 약간 기울게 표현하여 행렬이 움직이고 있음을 암시하고 있다. (panel 27)

석가모니 탄생 이후에 현자들이 왕 수도다나를 축하하기 위하여 도착하였다. 인드라와 브라흐마도 브라만으로 변장하고 참가하였다. (29) 정자에는 두 부류(우측의 왕과 좌측에 현자들)의 인물을 묘사하고 있다. 화면의 우측에 브라만들이 축제에 참가하고 있다.

석가모니가 탄생하고 일주일후에 왕비 마야는 죽어 하늘나라에서 여신이 되었다. 대신 왕비의 여동생 가우타미가 어린 왕자의 보호자가 되었다. (30) 부조에서 가우타미의 무릎위에 어린아이가 앉아 있고, 주변에 시종들과 아이를 보살피는 여자들이 어린아이를 에워싸고 있다.

히말라야에 살고 있는 아티샤라는 위대한 현자가 석가모니의 탄생을 예감하고, 어린아이를 보기위하여 요정들과 함께 카필라바스투로 날아 왔다. (31) 화면에서 왕자 석가모니는 아버지의 무릎에 앉아 있고, 우측에 아티샤 현자와 그의 요정들이 묘사되었다. 다음 패널에서 왕자는 두 발을 넓게 벌리고 앉아 있으며, 머리 뒤에 초승달의 모티프가 새겨지는 등 상당히 다른 모습으로 묘사되었다. 중앙에 위치한 현자를 위하여 궁정의 시중들이 의복 등 선물을 나르고 있다. 부조에 등장하는 코끼리와 말들은 경전에는 언급되지 않았다.

시바와 함께 온 수많은 신들이 왕자에게 경의를 표하고 있다. (32) 시바신은 화면의 왼쪽에서 세 번째 인물로, 석가모니에 대한 존경의 표시로 두 손을 모으고 있

다. 우측에 방패, 활과 화살로 무장한 병사들이 자세히 묘사되었다. 이 장면도 경전에는 언급되지 않았으며, 조각가가 상상력을 발휘하였을 가능성이 있다.

샤카족의 원로들이 왕자를 사원으로 보내야 한다고 조언하였다. (33) 왕은 찬성의 의미로 고개를 끄덕였다. 불자拂子와 같은 다양한 지물持物을 소지한 인물들은 조각가가 추가하였을 가능성이 있다. 왕과 석가모니는 브라만, 호위병, 종교승과 기타 인물들을 대동하고 사원으로 출발하였다. (34) 난장이로 묘사된 수레를 끄는 인물이 말의 고삐를 힘차게 당기고 있다.

왕자가 도착하자, 시바, 쿠베라, 찬드라, 인드라, 브라흐마와 여타 신들의 석상石像이 일어나서 그 앞에 무

류을 꿇었다. (35) 사원에 도착한 왕자의 행렬은 상세하게 묘사되었다. 사원의 형태는 고고학적인 발굴과는 상당히 차이가 난다. 사원은 2층으로 4개의 기둥이 뾰족한 지붕을 받치고 있다. 지붕 정상의 차크라 장식은 비슈누신의 상징이다. 사원에 배치된 4개의 대형 신상들은 기립한 브라흐마상외에는 신들의 특징을 확인할 수 없다. 다른 신들은 사원의 문밖으로 나오고 있다. 석가모니 왕자는 어린아이용 낮은 모자를 착용하고 아버지 앞에 서 있다.

왕은 왕자를 위하여 금과 다양한 보석으로 치장된 500개의 화려한 장신구를 가지고 왔다. 왕자가 장신구를 걸치자, 왕자 자신의 광채로 인하여 금과 보석은 빛을 잃었다. 룸비니동산의 여신인 비말라가 나타나 왕에게 이와 같은 기적을 설명하였다. (36) 화면의 우측 정자에서 석가모니는 다리 하나를 편하게 내리고 앉아있으며, 시중들이 그를 위하여 장신구들을 나르고 있다. 바닐라 역시 좌측에 앉아 있는 왕과 대담을 하고 있다.

석가모니가 성장하자 학교에 다니게 되었다. 학교 선생인 비스바미트라가 왕자의 외모에 압도되어 잠시 혼수상태가 되었다. 수방가라는 신이 오른손으로 선생을 부축하여 일으켜 세웠다. (37) 파라솔아래 왕과 왕자가 중앙에 위치하고, 그 앞에 선생 비스바미트라가 무릎을 꿇고 앉아있다. 뒤편 울타리(palisade[11]) 안에 학교가 묘사되었다. 이와 같은 건물은 현대의 자바에 존재하지 않지만, 인근 수마트라나 술라외시 섬에서 발견된다. 우측 끝에 왕자의 외모에 압도된 선생이 엎드려 있고, 수방가가 그를 돕고 있다. 아쉽게도 이 장면은 심하게 손상되었다.

다음 에피소드에서 왕자가 교육받는 과정을 자세히 묘사하고 있다. (38) 왕자는 정자에서 그의 한쪽 무릎을 팔 거리에 기대고, 우측에 선생 비스바미트라가 있다. 이전 패널에서 비스바미트라는 수염을 길렀으나, 화면에서 그는 수염이 표현되지 않았는데, 이는 동일 인물을 서로 다른 조각가가 다양하게 묘사한 사례 중 하나다. 좌측 정자에는 학생들이 야자 잎으로 만든 두루마리 책을 들고 있다.

이제 스토리는 수년을 훌쩍 뛰어넘는다. 왕자는 시

11_ 역주 팔리사드는 나무말뚝이나 가지로 엮어 만든 펜스나 담장으로 보호용 또는 방어용으로 사용된다.

궁정에서 석가모니가 여인들에게 고파(우측)를 소개하고 있다. 석가모니는 무릎용 밴드를 착용한 체 대좌위에 편안하게 앉아 있고, 주변에서 그를 경탄하고 있다. (panel 51)

골을 직접 방문하기로 결심하였다. (39) 부조에서 왕자는 수레를 타고 여행하고 있으나, 경전에는 기술되지 않았다. 왕자가 전원에서 명상을 위하여 물레나무 아래에 앉아 있다. 이 지역의 수호신들이 석가모니 왕자라고 일러주자, 다섯 명의 현자들이 인근 하늘에서 날아와 석가모니 주변에 보이지 않은 사악한 기운을 차단하였다. 인도의 불교미술에서 '첫 번째 명상의 장면'은 농부와 쟁기가 등장하지만, 보로부두르에서는 이와 같은 관례는 따르지 않고 있다. 다섯 명의 현자들이 왕자에게 존경의 예를 표하고 있다. (40)

왕은 그의 아들이 장성하여 부처나 전륜성왕이 될 것이라는 예언자의 말을 떠올리며, 왕이 되어 그를 계승할 것을 희망하였다. 그리고 아들에게 결혼할 것을 요구하기로 결심하였다. 왕자는 7일안에 답변을 주겠다고 말씀드렸다. (41)

왕자는 결혼을 결심하고 고파(Gopa)라고 부르는 처녀를 선택했다. 수많은 젊은 여성들 가운데 오직 그녀만이 왕자에서 발산되는 광채에도 불구하고 그를 바로 바라볼 수 있었다. 왕자는 자기 손가락의 반지를 빼서 그녀에게 주었다. (42) 아마도 지붕위에 표현된 공작새는

서조瑞鳥로 다가오는 결혼을 축하하는 상징이다.

고파의 아버지는 왕자가 그의 딸의 배우자로써 적합한 인물인지 확신이 서지 않았다. 아버지는 왕자에게 지금까지 보여준 적이 없는 그의 정신력과 육체적인 힘을 증명하도록 요구하였다. 왕자는 왕에게 이와 같은 테스트에 만족한다고 말씀드렸다. (43)

라이벌 샤카족의 왕자인 데바다타는 석가모니를 위하여 도시로 흰 코끼리를 몰고 가는 광경을 우연히 목격하였다. 그는 질투가 치밀어서 흰 코끼리를 주먹으로 때려 죽였다. (44) 석가모니가 도시의 문 근처에 쓰러져 있는 흰 코끼리를 보았다. 그는 부패한 코끼리 시체가 시민들에게 피해를 주지 않도록 7개의 담장과 7개의 연못을 넘어 멀리 내다버렸다. (45) 이 장면은 왕자의 호위병들 외에는 거의 남아 있지 않다.

에피소드 3; 석가모니의 결혼과 삶의 포기
보로부두르 서벽의 패널 46-75

석가모니가 그의 능력을 테스트 받기위하여 다른 500명의 왕자와 함께 도시 밖으로 나갔다. 그곳에서 석가모니는 왕자들이 풀지 못하는 문제를 해결하였다. (46) 부조에서 왕 수도다나는 우측 끝에 앉아 있고, 석가모니는 중앙에서 문제를 설명하고 있다.

이어지는 두 패널은 『보요경』에서는 언급되지 않은 '석가모니의 경연競演'과 관련된 장면이다. 첫 번째 패널은 화면의 좌측 정자에서 석가모니 왕자가 손에 연꽃줄기를 들고 있고, 반대편에 왕이 앉아 있다. (47) 다음 패널은 석가모니는 여전히 같은 자세로 묘사되었으나, 왕은 마치 축하한다는 제스처를 취하고 있다. (48) 이 장면은 틀림없이 현존하지 않는 당시의 경전을 토대로 조각하였을 가능성이 많다.

다음 테스트는 궁술의 경연이다. 석가모니는 옛적 그의 할아버지 시절부터 사원에 보관 중이던 '아무도 휠 수 없는 활'을 사용했다. 그는 7그루의 나무를 관통하여 금속으로 만든 멧돼지를 포함하여 다양한 과녁을 꿰뚫었다. (49)

고파의 아버지는 드디어 결혼을 승낙하였다. 궁정의 신하들은 고파가 베일로 얼굴을 가리지 않고 나타나자 그녀의 무례함을 비난하였다. 그녀는 정숙과 진실성이 없는 자들은 무례하지만, 자제심이 있는 자들은 베일을 가리든지, 가리지 않든지 항상 정숙하다고 항변하였

다. 왕은 그녀의 대답에 만족하며 상을 내려주었다. (50)

왕자는 궁녀들의 처소로 가서 고파가 부인이 될 것이라고 선언하였다. (51) 석가모니는 대좌에 앉아 있고, 여성들은 그를 칭송하고 있다. 이 소식을 하인으로부터 전해들은 고파는 궁정에 앉아 있는 다른 여성들을 바라보고 있다.

인드라, 브라흐마와 초월적인 존재들이 포함된 여러 신들이 왕자의 결혼을 축하했으며, 왕자에게 깨달음의 여정은 언제 시작되느냐고 물었다. (52) 부조에서 왕자는 다리 하나를 내린 채 정자에 앉아 있다. 맨 우측에 왕자와 문 사이에 여성 악단들이 있다. 정자 좌측에 신들이 탄원하는 자세로 서있고, 경비병들과 초월적인 존재들이 그들의 후면에 묘사되었다.

처음에 왕자는 대답이 없었다. 흐리데바Hrideva라는 이름의 신이 밤중에 왕자를 찾아와 떠날 것을 권하였다. (53) 부조에서 왕자는 담장으로 둘러싸인 궁전에 앉아 있다. 그의 뒤에 한 여성이 잠들어 있고, 신들이 왕자와 이야기를 나누기 위하여 구름에서 내려오고 있다. 대문 밖에서 수많은 신들이 졸고 있다.

왕은 왕자가 떠나는 꿈을 꾸고, 왕자가 궁궐에 남아 있도록 유도하기 위하여 궁궐 세 채를 더 지어주었다. (54)

왕은 왕자의 궁전 주변에 근위병을 배치하고, 왕자를 위하여 수많은 젊은 여성들을 보냈다. (55) 이 장면은 보로부두르의 부조상중에 가장 성공적인 배치구도를 보여주고 있다. 우측에서 왕자는 두 여성의 위로를 받고 있다. 좌측에 고파는 거울속의 자신을 바라보며 머리를 빗고 있다. 중앙에 세 번째 궁전의 파사드(정면, 외관外觀)가 조각되었다. 대문 앞에 서 있는 세 명의 남성과 코끼리, 기수 등은 경전에 언급되지 않았다.

어느 날 왕자는 '왕궁의 극락정원'을 방문하기 위하여 가고 있었다. 자신과 신들의 영험함으로 갑자기 늙은 노인 한 분이 앞에 나타났다. 충격을 받은 왕자는 정원으로 가지 않고 다시 그의 궁전으로 돌아왔다. 바로 이 장면은 석가모니가 깨달음을 향하여 힘든 여정을 결심할 때 마주하는 '위대한 네 가지 조우遭遇' 중 첫 번째 사건이다. (56)

두 번째 조우는, 왕자가 또다시 '왕궁의 극락정원'으로 가는 도중에 신비하게도 병든 자를 보게 되었다. (57)

맨 좌측에 병든 자의 환영幻影이 나타나고, 신들은 우측에, 그리고 상단에 구름이 묘사되었다.

세 번째 조우는 왕자가 죽음을 마주하는 것으로, 시신은 슬픔으로 비통에 잠긴 친족들에게 둘러싸여 있다. (58) 부조에서 죽은 자는 화면의 맨 좌측 지붕아래 누워있다. 고대 자바에서 장의용으로 사용된 것으로 보이는 이 건물은 경전에는 언급되지 않았다. 수레는 기둥의 끝단이 사자머리로 장식되었으며, 보로부두르 부조에서 가장 정교하다. 패널의 맨 우측에 조각된 신들은 이미 심하게 손상되었지만, 1850년대에 작성된 도면에서 원래의 모습을 추측할 수 있다.

네 번째 조우도 역시 신들의 작품으로, 미상의 승려가 등장한다. 승려는 다른 자들은 스스로 조절할 수 없는 연민으로 비통과 슬픔에 잠겨있으나, 홀로 평정심을 유지하고 있다. 왕자는 승려를 모델로 명상하고, 고통으로부터 구원의 길을 찾기 위하여 길을 떠났다. (59)

왕자는 그날 밤 악몽으로 시달린 고파를 위로하였다. (60) 부조에서 왕자는 왕궁에 홀로 앉아 있다. 경전의 에피소드는 실제로 부조에 묘사된 것과는 상당한 차이가 난다.

석가모니는 왕궁을 떠날 것을 왕에게 허락받았다. (61) 왕자는 궁전에서 왕의 우측에 앉아 있다. 화면에서 자고 있는 신하들의 모티프는 이 사건이 한밤중에 일어났음을 암시하고 있다. 왕의 제스처는 허락한다는 의미가 있다.

일부 샤카족 사람들은 석가모니가 떠나는 것을 방해하였다. 가우타미도 궁정에 있는 모든 여인들에게 석가모니를 둘러싸도록 지시했다. (62) 왕자는 울타리가 있는 칼라-마카라가 조각된 정자에 앉아 있고, 왕자의 주변을 수많은 여성들이 에워싸고 있다.

그러나 신들은 여성들의 숙소를 더럽고 지저분하게 만들었고, 여성들 역시 단정하지 않고 눈치 없고 혐오스런 자세나, 심지어 코를 골고 자고 있는 모습으로 만들었다. (63) 이와 같은 환영幻影때문에 왕자는 인간의 신체가 영성을 방해하는 부패한 감옥으로 생각하게 되었다. 왕자는 이 감옥으로부터 탈출하고 싶은 욕망이 증가하며 결국 깨달음을 향한 그의 여정이 시작되었다.

왕자가 왕궁을 나서며 그의 애마 칸타카를 불렀다. (64) 신들의 도움으로 왕자는 과거와 영원히 이별하

위대한 출발. 이 장면은 다른 지역의 불교조각에서도 흔히 볼 수 있지만, 보로부두르의 구성과는 상당히 차이가 난다. 왕자의 탈출은 그가 애마를 타고 있는 장면에서 암시되었다. 애마愛馬의 네발은 경비병들이 말이 걷는 소리에 놀라 잠에서 깨지 않도록 신들이 들고 있다. 길을 안내하는 두 신은 인드라와 브라흐마며 왕자의 뒤를 천상의 신들이 따르고 있다. 어둠속에서 왕자의 몸에서 방사된 빛이 세상을 비추며 맨 우측 나무에서 빛이 반사되고 있다. (panel 65)

고 '위대한 여정'을 시작할 수 있었다. (65)

왕자가 샤카족의 궁전을 완전히 벗어나자, 애마 칸타카에서 내려 지금까지 그를 호위하고 따라온 신들과 모든 초월적인 존재들에게 이별을 고했다. (66) 이 행렬에 약사가 포함되었는데, 그는 콧수염과 조악한 모습으로 맨 우측에 서 있다. 이 패널에서 조각가는 말과 말시종과의 이별을 묘사했지만, 다음 패널도 그들이 등장한다. 낙담한 말시종과 말은 그들의 옛 주인을 애달프고 그리움의 눈길로 뒤돌아보고 있다.

석가모니는 마침내 삭발을 하였다. (67) 그리고 왕실의 의복을 벗어버리고, 떠돌이(사실 변장한 신)가 입는 조악한 황색의 대의를 걸쳤다. (68) 부조에서 왕자의 머리는 안타깝게도 손상되었다. 우측에 묘사된 자연의 풍광과 좌측의 신들은 경전과는 다르다.

모든 신들이 왕자를 찬양하기 위하여 도착하였다. (69) 식물과 동물들로 화면의 가장자리를 장식하고, 경전에 없는 두 개의 항아리도 묘사되었다. 이제 왕자의 머리는 독특한 나발螺髮 형식으로 변하였으며, 머리 위의 육계는 그의 뛰어난 지혜를 상징하고 있다.

왕자는 여성 브라만 수행자가 음식을 제공한다는 두 곳으로 향했다. (70) 보로부두르의 조각가들은 우측 패널에 나무와 바위의 모티프를, 그리고 야생동물로 상징되

는 깊은 숲속에 은자의 집을 묘사하고 있다.

　왕자는 떠도는 승려로서의 새로운 삶을 시작하였다. 마침내 그는 바이살리라 왕국에 도착하여 아라다 카팔라라는 브라만의 문하에서 공부하기를 원했다. (71) 왕자의 후면에 묘사된 숲속의 정글은 그가 출발한 곳을 암시한다. 후면에 제자들과 함께 서있는 수염을 기른 인물은 브라만을 표현하였을 가능성이 있다. 그 중 한 명이 왕자에게 켄디라고 불리는 물주전자를 내밀고 있다. 최근까지도 자바의 도로상에서 목마른 여행자를 위하여 준비된 유사한 물주전자가 흔하게 목격된다.

　시간이 얼마쯤 지난 후에, 스승 알라다는 왕자가 그

와 동등한 수준이 되었음을 인정하고 석가모니 역시 그와 동등한 스승이 되었다. (72) 부조에서 왕자는 시무외인(공포를 없애는)을 결하며, 석굴에서 좌정하고 있는 5명의 제자들을 위로하고 있다. 스승 알라다는 최근 자바 궁전의 고고학 발굴현장에서 발견된 와투질랑(빛나는 돌)이라는 대좌에 앉아 있다.

　석가모니는 마침내 여정을 다시 시작하기로 결심하였다. 그가 거지의 모습으로 라자그라라는 도시에 도착했을 때, 모든 사람들이 그의 외모에 충격을 받았다. 브라흐마 신 자신이 직접 거지가 되어 나타났다고 어떤 자가 포고하였다. 이 나라 왕이 직접 왕자에게 보시를 하

기 위하여 도착하였다. (73) 부조에서 궁전은 맨 좌측에 위치하고, 신하들과 시민들이 주변에 앉아 있다. 왕과 왕비는 음식을 담은 그릇을 들고 있다.

다음 날, 왕과 모든 사람들은 석가모니가 머물고 있는 판다바 언덕으로부터 밝게 빛나는 광채光彩를 목격하였다. 그들은 왕자에게 왕궁에서 머물도록 요청하고 왕궁의 절반을 주겠다고 약속하였다. (74) 부조는 동굴에 앉아 있는 왕자와 함께 다양한 야생 동물들과 험준한 바위산을 묘사하고 있다. 왕은 왕자의 좌측에서 탄원하는 자세로 서있다.

석가모니는 이후 라자그라의 유명한 스승 루드라카를 방문하였는데, 그 역시 석가모니에게 함께 지낼 것을 요청하였다. (75) 조각가는 이 장면에서 도시를 묘사하지 않고 또 다시 산속의 숲을 묘사하고 있다. 머리와 수염으로 식별이 가능한 숲속의 수행자들이 그의 설교를 경청하고 있다.

에피소드 4; 부처의 깨달음
패널 76-105, 보로부두르 대탑의 동면

얼마 후 왕자는 마가다로 가기로 결심하였다. 스승 루드라카의 제자 다섯 명이 왕자를 훌륭한 스승으로 여기며 동행하였다. 왕자와 새로운 제자들은 가이야설사 산에서 명상하였다. (76) 부조에서 석가모니와 그의 제자들은 석굴에서 명상을 하고, 맨 우측에 수많은 물고기가 헤엄치는 개울이 묘사되었다. 이 장면도 경전에는 기술되지 않았으며, 보로부두르 예술가의 상상력으로 추가하였을 가능성이 많다.

왕자를 포함한 여섯 사람은 명상을 위하여 나이란자나 강가로 이동하였다. 이곳에서 석가모니는 굶주림으로 죽음에 이르는 단식을 시작하였다. (77) 석가모니는 단식을 중단하라는 제자들의 만류에도 불구하고 확고부동한 거부의 의사를 표현하고 있다.

죽어서 신이 된 그의 어머니 마야부인은 죽어가는 석가모니를 보자 곁에 와서 울기 시작하였다. 그러나 석가모니는 어머니에게 죽지 않을 것이라고 안심시켰다. (78) 부처가 극도로 굶주리며 수행하는 장면은 대부분 쇠약한 모습으로 표현되거나, 때론 섬뜩할 정도로 해골에 가까운 모습으로 표현된다. 그러나 보로부두르의 조각가들은 그의 신체를 정상으로 묘사하였다. 이는 보로부두르 부조 전체가 갖는 평온한 분위기를 유지하기 위해서 의도되었다. 마야부인과 동행한 수많은 요정들은 향로, 부채, 음식 쟁반, 접시, 그리고 불자 등을 소지하고 있다.

다른 수많은 신들과 초월적인 존재들 역시 석가모니 곁을 지키며 함께 있다. (79) 부조에서는 왕자의 설법을 경청하고 있는 신들만 묘사되었다.

신들이 왕자에게 단식을 견딜 수 있는 초능력을 제

공하겠다고 제안하였으나, 왕자는 거절하였다. 왕자는 가까이 있는 사람들이 그가 음식이 없이도 살수 있다는 잘못된 믿음을 갖는 것이 두려웠다. 마침내 왕자는 극한의 고행을 중지하였다. 이에 실망한 다섯 제자들은 그를 떠났다. (80)

과거를 모두 포기한 왕자는 우루빌라라는 마을로 갔다. 족장의 딸이 왕자에게 음식을 제공하였다. (81)

석가모니는 옷을 새로 갈아입기로 결심하고, 라다라는 여자가 마련해준 죽은 여성의 수의를 선택했다. 그녀는 마을 족장의 딸인 수자타의 노예였다. 그는 돌에 옷을 세탁하기 위하여 연못으로 향했다. 석가모니가 연못에서 나오려는 순간 마왕 마라가 높은 둑을 만들어 그가 나오지 못하도록 방해하였다. 그때 연못가에 나무의 여신이 가지를 길게 뻗어 석가모니가 간신히 연못을 빠져나올 수 있었다. (82)

또 다른 신이 왕자에게 갈색 대의를 주었다. (83) 맨 좌측에 묘사된 공작새, 원숭이와 코끼리는 화면을 장식하기 위한 작가의 창작물이다.

마을 족장의 딸인 수자타는 석가모니가 단식을 그만두는 꿈을 꾸었다. 그녀는 하인을 보내 왕자를 집으로 초대하고 음식을 대접하였다. (84) 왕자 곁에 매우 화려한 뚜껑이 있는 김이 무럭무럭 나는 접시가 놓여있다. 족장의 집은 깃발로 화려하게 장식되었고, 맨 우측에 준

비된 각종 요리도 상세하게 묘사되었다.

석가모니가 목욕하기 위하여 다시 나이란자나 강으로 갈 때, 원하지 않았지만 수자타가 준 금으로 만든 바루를 들고 갔다. (85) 무릎을 꿇고 있는 네 명의 인물은 주제와 직접적인 관련이 없다.

그가 목욕하는 도중에 신들이 와서 함께하였다. (86) 일부 신들이 석가모니에게 향수와 꽃을 뿌리고, 다른 신들은 목욕한 물을 기념으로 보관하기 위하여 그릇에 담고 있다. 강 우측언덕에 두 마리의 나가(물의 정령들)가 수면 위로 머리를 내밀고 있다. 나가들은 전통적인 방식으로 보석으로 치장된 관을 쓰고 있다.

강에서 나온 왕자가 앉을 장소를 구하자, 강의 여신 나기(nagi)가 보석으로 장식된 대좌를 마련해 주었다. (87) 다양한 형태의 대좌와 대형 방석은 보로부두르의 부조에서 흔하게 볼 수 있는데, 고대의 자바 궁전에서 실제로 사용되었을 가능성이 많다.

왕자는 앉아서 수자타가 마련해준 음식을 모두 먹었다. (88) 좌석과 주변의 분위기는 같은 장소임에도 불구하고 이전의 부조와는 매우 다르게 묘사되었다. 우측 하단에서 작은 사자가 우리에서 불쑥 머리를 내밀고 있다.

석가모니가 식사를 마치자, 금 바루를 강물에 던져버렸다. 나가의 왕인 사가라가 먼저 물에서 바루를 건졌으나, 인드라 역시 욕심을 내었다. 인드라는 가루다로 변신하여 그가 부리로 물고 있는 바즈라로 바루를 낚아채려 하였다. 그러나 비로소 인드라가 공손하게 바루를 요구하자 사가라는 기념으로 보관하라며 바루를 주었다. (89) 부조의 우측에 석가모니가 바루를 강물에 던지자, 나가왕이 건져내고 있다. 좌측에서 나가왕이 인드라에게 바루를 선물하고, 그 뒤에 아이라바타가 앉아 있다.

왕자는 마침내 보리(깨달음의 의미)수로 향하고, 신들은 그를 위하여 길을 마련하였다. 왕자는 자리에 깔 약간의 풀이 필요했다. 그는 스바스티카라는 풀을 베는 여인에게 풀 한 다발을 요구했다. (90)

브라흐마와 수많은 신들이 왕자에게 경의를 표하고 있다. 나가왕 칼리카는 왕자의 몸에서 광채가 나는 것을 목격하자 역시 존경을 표하였다. 왕자는 브라흐마와 인드라가 포함된 수많은 신들에게 둘러싸여 있다. (91) 석가모니 앞에서 무릎을 꿇고 있는 인물은 브라흐마로, 그의 독특한 머리 형식으로 구분이 된다. 맨 좌측에 네 명

왼쪽; 패널 83의 부분. 보로부두르의 조각가들은 때때로 주제와는 직접 관련이 없는 다양한 장식을 추가하기도 한다. 숲속에 놀고 있는 각종 동물들을 생동감 있게 표현하고 있다. (panel 83)

반대편 : '위대한 출발'의 상세도. 한 밤중에 궁정을 탈출할 때 말을 타고 있는 석가보살. (panel 65)

석가모니는 굶어죽을 수도 있는 혹독한 단식에 들어갔다. 처음에 도솔천에 있는 어머니 마야의 영혼이 내려와서 고행을 말렸으나, 그는 거절하였다. 이후 수많은 신들과 초월적인 존재들이 그와 함께 머물며 그가 음식을 먹지 않고도 견딜 수 있는 초능력을 제공하였다. 화면의 맨 좌측 동굴에서 선정중인 석가모니는 우측에 군집한 신중들에게 거절한다는 제스처를 취하고 있다. (panel 79)

의 인물은 나가왕과 그의 추종자들로, 역시 머리에 관을 쓰고 있다. 나가왕이 손에 들고 있는 흥미로운 물건은 존경의 상징으로 보이지만, 우리는 그것이 무엇인지, 그리고 고대자바에서 실제로 존재하였는지 알지 못한다. 상단에 일부 인물이 들고 있는 세 개의 십자형 원반은 구리로 제작되었다고 알려져 있다.

이제 석가모니는 명상을 위하여 적당한 나무를 찾을 시간이다. 수많은 신들이 석가모니를 위하여 자신만의 보리수를 장식하고 있다. (92)

석가모니는 신들이 실망할까 염려되어 모든 보리수

에 자신의 상像을 만들어 그 아래 두었다. (93)

석가모니가 깨달음에 이르는 마지막 단계에, 마왕魔王 마라가 방해하기 위하여 그를 공격하였다. 석가모니는 마왕에게 "당신은 전생에 단 한 번의 희생으로 '욕망의 왕국'의 통치자가 되었지만, 나는 전생에서 수 만 번의 희생을 하였다"고 일러주었다. 마왕은 "석가모니 당신은 나의 희생을 증명하였지만, 당신의 희생에 대하여는 아무도 증명하지 않았다"고 대답하고, "당신이 나에게 복종하여야한다"고 주장하였다. 그때 지모신地母神 스타바라가 수많은 여신들과 함께 나타나 왕자가 중생

을 위하여 셀 수 없는 희생을 하였음을 증명하였다. (94)

마라는 무력으로 석가모니를 제압할 수 없다는 것을 깨닫자, 그의 아름다운 딸들을 보내 석가모니를 유혹하였으나 역시 실패하였다. (95)

마침내 석가모니는 궁극의 깨달음을 얻고 부처, 즉 '깨달은 자'가 되었다. (96) 다른 부처들이 보석으로 장식한 수많은 산개傘蓋를 보내 깨달음의 현장을 가렸다. 하늘에는 수많은 요정들이 경의를 표하며 날아다니고 있다. 공중에 묘사된 연꽃방석과 꽃봉오리는 경전에는 언급되지 않았다.

신들은 향수를 뿌린 물로 석가모니를 목욕시켰다. (98) 신들 중 한명이 부처에게 "7일 동안 같은 자세를 유지한 명상의 종류는 무엇이냐"고 물었다. 부처는 프리티야하라뷰하(prityaharavyuha; Adaptation of the Food of Joy)라는 기법이라고 일러주었다. 부조에서 부처의 수인은 시무외인으로 바뀌었다.

마침내 부처는 일어나 믿을 수 없이 먼 거리로 두 차례 떠난 뒤, 두 번 모두 신성한 보디만다로 되돌아 왔다. (100)

깨달음을 얻은 4주후에 부처는 무칠린다라는 나가

다음 장(좌측); 왕자가 연꽃대좌에 서서 시종侍從이 들고 있는 칼집에서 칼을 빼 머리칼을 자르고 있다. 하늘에서 신이 급히 내려와서 그의 머리칼을 바구니에 담고, 시종은 왕자가 벗은 의복과 칼집을 공손히 들고 있다. (panel 67)

석가모니가 나이란자나강에서 목욕할 때,
산들이 내려와 향수와 꽃을 그의 몸에 끼얹
고 있다. 성도를 이룬 석가모니는 육계와 나
발이 완연하며, 머리 후면에 두광이 표현되
었다. 우측 하단에 물의 요정인 두 마리의
나가가 강에서 머리를 내밀고 있다. 나가의
머리 상부에 보석이 장식되었다. *(panel 86)*

왕의 왕궁에 함께 지내기 위하여 출발하였다. 부처가
명상을 하고 있을 때 날씨가 나빠지자 나가 왕이 부처
를 보호하기 위하여 그의 몸을 휘감았다. (101) 이 유명
한 장면은 불교미술에서 '7개의 머리가 달린 코브라위
에 앉아있는 부처'로 표현되었다. 그러나 보로부두르의
부조는 정자에 좌정한 부처 앞에 나가왕이 경의를 표하
고 있다. 이 장면에 등장한 코끼리와 몸을 비틀고 있는
난쟁이의 역할은 아직도 해석되지 않고 있다.

깨달음을 얻은 5주 후에, 부처는 무칠린다의 왕국을
떠나 반얀나무 숲으로 향했다. 가는 길에 마주친 고행
자가 부처에게 한주 동안의 추위를 어떻게 견디었는지
여쭈었다. (102)

부처는 명상을 위하여 또 다른 숲으로 갔다. 부처의
광채가 숲에서 퍼져 나왔다. 상인들 무리가 이 지역을 지
나가다 이상한 현상이 발생하여 놀랐으나, 어떤 여신이
그들을 안심시켰다. (103) 패널의 맨 우측에서 3명의 상인
들이 여신으로 보이는 인물과 이야기를 나누고 있다.

상인들이 부처에게 음식을 공양하였다. 부처가 음식

을 담을 그릇을 원하자, '4명의 위대한 왕', 또는 '4천왕'이
각자의 그릇을 제공하였다. 부처가 이 4개의 그릇을 합하
여 하나로 만들자, 상인들이 꿀과 치즈를 공양하였다.

에피소드 5; 최초의 설법
패널 106-120, 보로부두르 대탑의 동면(계단 북측)

그날 밤 브라흐마와 인드라, 그리고 신들이 나타나
부처가 불법을 설파하도록 요청하였다. (106) 부조에서
신들의 개별적인 특성은 표현되지 않았고, 부처는 명상
을 상징하는 선정인을 결하고 있다.

처음에 부처는 대답을 하지 않았으나, 새벽이 밝아
오자 설법을 하겠다고 약속하였다. (107) 이 화면에서 묘
사된 신들도 명호를 알 수 있는 개별적인 특징이 표현되
지 않았다.

부처는 첫 번째로 설법을 해야 할 대상이 누구냐고
물었다. 선택은 루드라카였으나 그는 일주일전에 사망
하였다. 다음 두 번째로 아라다 카팔라를 지목하였으나
그 역시 3일전에 죽었다. 그는 또다시 그의 옛적 다섯

제자를 염두에 두고, 초능력을 발휘하여 그들이 바라나
시의 사슴농장에 있는 것을 알았다. (108) 아마도 부조는
이와 같은 경전의 내용을 도해하였을 가능성이 많지만,
장면은 확실하지 않다.

부처는 바라나시로 출발하였다. (109) 가는 도중에 어
느 승려가 부처에게 어디로 가느냐고 물었다. (110) 부처
는 가야지방을 지나가다 수달사나라는 나가왕의 영접을
받았다. (111) 나가의 행렬이 선물을 나르고 있다.

부처는 몇 개의 도시를 지나게 되었는데, 가는 곳마
다 그를 환영하였다. (112-114) 대부분의 경전은 도시에
서 일어난 사건에 대하여 특별한 언급은 없었지만, 보로
부두르의 설계자들은 세 개의 패널을 할애하여 '환영의
장면'을 묘사하고 있다. 정자 밑에는 수많은 산개가 표
현되었고, 대규모의 잔치가 열리고 있다. (112) 맨 좌측
에 조각된 건물과 유사한 사원들로부터 이 축제가 도시
에서 열리고 있음을 알 수 있다.

부처가 갠지스강에 도착했을 때, 뱃사공이 운임을
지불하지 않으면 강을 건널 수 없다고 거절하였다. 그

석가모니가 마왕 마라를 격퇴하고 이를 증명하기위하여 지신地神을 부르고 있다. 화면에서 마라의 공세攻勢는 지신의 출현을 압도할 정도의 거대하다. 지신, 즉 지모신地母神은 양자의 오른손 아래(항마촉지인)에 위치한다. 땅에서 출현한 그녀는 마왕을 향하여 왼손에 항아리를 들고 있다. 마왕 마라는 코끼리를 타고 석가모니를 향하여 활을 쏘고 있다. 마라는 화면에서 두 번 표현되었는데, 오른쪽 아래에서 싸움에서 패배한 후에 무리를과 낙담한 표정으로 앉아 있다. (panel 94)

때 부처가 갑자기 날아서 강을 건너자, 뱃사공이 부끄러움과 놀라움으로 실신하였다. (115)

부처가 바라나시에 도착하여 탁발승이 되었다. (116) 부처는 이곳에서 옛날 5명의 제자와 조우하였다. 그들은 부처를 보자 "여기 게으르고, 폭식가로 못쓰게 된 부처가 오고 있다. 아무도 그를 만나지 못하도록 하고, 그가 오면 도망가거나, 밥그릇으로 구제하거나…."라고 빈정거리며 비난하였다. (117) 부조에서 그들은 부처를 처음 대하며 특별한 행동이나 말썽을 일으키지 않고 있다.

그러나 부처가 그들에게 가까이 다가가자 부처의 광채에 두려움을 느꼈으며, 그들 모두 부처를 섬겨야 한다는 존경심이 넘쳐났다. 그들의 긴 머리는 숲속에서 방랑하는 수행자의 상징이었으나, 어느새 요술처럼 짧게 변하였고 그들 앞에 승복이 놓여졌다. (118) 부조에서 제자들의 외모가 어떻게 변하였는지를 잘 보여주고 있다. 부처는 설법인을 결하며 그들과 담소를 나누고 있다.

제자들이 부처에게 세례의식을 하고 있다. (119) 보로부두르에서 이 장면은 연지蓮池에서 행해지고 있다. 부조에 등장하는 네 마리의 나가는 경전에 기술되지 않았다.

마침내 부처는 '초전법륜初傳法輪'으로 지칭되는 '최초의 설법'을 하였다. (120) 제자들은 좌측코너 하단에서 부처의 설법을 듣고 있다. 이 패널은 안타깝게도 손상이 심한데, 특히 가운데 위치한 부처는 거의 식별이 불가능하다.

보로부두르의 장대한 '석가모니의 일생스토리'는 이곳에서(동측계단 코너) 끝이 난다. 일부 학자들은 이 '최초의 설법'에서 스토리가 마무리되는 것에 의문을 표명하고 있다. 부처시대 후반의 중대한 사건인 '부처의 열반'이 생략되었기 때문이다.

그러나 '부처의 열반'은 대승불교보다 소승불교에서 더욱 중요한 수행의 덕목이었다. 대승불교의 교리는 중생을 구제하기 위하여 열반에 드는 것을 거부한 보살의 자비행과 관련이 있다. 대승불교에 따르면 부처의 가장 위대한 행위는 '자비심을 설파'하는 것이었다. 부처가 열반에 드는 것은 거의 방종放縱과 유사한 행위로 여겼다.

상단 : 가우타마가 단식을 포기한 후에 그를 두고 떠난 다섯 제자들에게 다시 나타났다. 그들은 모두 숲속에서의 오랜 고행을 상징하는 긴 머리와 수염을 기르고 있다. 처음에 그들은 가우타마에게 존경심을 보이지 않았으나, 그의 변화된 모습에서 그를 추종해야 한다는 사실을 즉시 깨달았다. 부조에서 조각가가 보여준 그들의 표정은 무언가 가우타마가 변화된 것을 깨닫고 놀라움과 경외를 느끼는 순간을 묘사하고 있다. (panel 117)

반대편 : 부처에게 경의를 표하는 베나르 주민들의 상세도. (panel 116)

미륵보살의 전생前生 중 한 장면(궁전에서 향으로 있을 때). 신비한 반인반조半人半鳥인 킨나라들이 천각의 위를 날고, 하단에 춤추는 무희들과 시중들이 군집해 있는 장엄한 장면이다. 화면에서 묘사된 춤추는 무희들과 음악가들은 의심할 바 없는 보로부두르 장연의 작품이다. (panel III. 65)

『화엄경』「입법계품」(The Gandavyuha)

구도의 길을 떠난 젊은이

고대의 자바인들은 보로부두르의 수많은 스토리 중에 수다나라는 젊은이의 구도행각에 가장 많은 공간을 할애하였다. 그들은 보로부두르 전체 4개의 갤러리 중 상부 3개에 이 스토리를 배정하였다. 이는 자바인들이 지식 탐구를 위하여 먼 곳을 여행하고 수많은 스승들을 방문한 '수다나의 여정'을 매우 소중하게 여겼기 때문이다.

조각가들은 '수다나의 여정'을 조각하기 위하여 무려 460개의 패널을 마련하였다. 이 방대한 구도의 장면은 두 번째 갤러리의 주벽(128패널)에서 시작하여, 세 번째 갤러리의 주벽(88패널)과 난간 벽(88패널)으로 이어지며, 네 번째 갤러리의 난간 벽(84패널)을 채우고, 마지막으로 주벽(72패널)에서 결론에 이르게 된다.

예술가들이 참고한 문헌은 『화엄경』으로 '한 방울의 거품과 같은 세상'이라는 의미가 있다. 보로부두르의 하단 갤러리와 비교할 때 스토리의 서사적인 흥미는 떨어진다. 이곳은 모험이나 로맨스가 없다. 단지 수많은 스승을 방문한 수다나의 긴 여정이 반복되며 그가 경험한 신비한 사건들을 나열하고 있을 따름이다. 경전의 내용은 석재石材에 예리한 이미지를 새기는 조각가들에게 어울리지 않는 매우 추상적인 언어로 기술되었다.

하단의 갤러리 부조는 순례자들이 입문과정임을 배려하여 설교형식으로 풀어가며 쉽게 이해할 수 있는 형식과 내용으로 구성되어 있다. 이 갤러리에서 각종 우화나 가우타마 왕자의 생애가 포함된 도덕적인 교훈에 심취한 순례자들은 이제 더욱 근엄하고 기술적으로 지적인 작품을 대하는 마음의 준비를 해야 한다. 순례자들은 이제, 곧 자신이 엄격한 수행에 들어간다는 사실을

깨닫게 된다.

「입법계품」의 시작은 부처와 보현보살(Smanta-bhadra)이 야외의 정원에서 문수보살, 고귀한 인간의 왕들과 함께 오천 명의 보살에 둘러싸여 있다. 그들은 부처에게 '사자분신삼매師子奮迅三昧[12]'라는 아름다운 관상觀想에 드는 기적을 행할 것을 요청한다.

관련된 경전은 대부분 칼리야나미트라(kalyanamitra; 도반)[13]라고 불리는 '영적인 스승'을 방문하기 위하여 반복되는 수다나의 긴 여정을 기술하고 있다. 스승은 수다나가 여정을 떠나기 전에 지혜를 전수하고, 반복되는 또 다른 여정 끝에 그는 마침내 미래의 부처인 미륵이 거처하는 도솔천에 이르게 된다.

지금까지 전하는 경전들과 보로부두르의 부조를 비교할 때, 가장 흥미로운 특징 중 하나는 자바인들이 이 방대한 스토리를 보는 관점이 다른 지역과는 다르다는 것이다. 대부분의 경전은 수다나가 도솔천에 이를 때 까지 그의 영적인 스승을 방문하는데 초점을 맞추고 있으나, 보로부두르의 부조는 수다나가 스승들을 방문하고 성취한 과정에는 겨우 십분의 일 정도만 할애하고 있다.

보로부두르에서 수다나의 순례 과정은 전체 460개 패널 중에 126개의 패널이 할당된 반면에, 남은 334개

12_ 역주 사자가 격분하여 힘차고 신속하게 날뛰듯, 큰 위력을 나타내는 부처나 보살의 삼매.

13_ 역주 칼리야나-미타타(Kalyāṇa-mittatā)는 불교 공동체에서 동일한 영성을 추구하는 도반道伴의 개념으로, 사찰에서나 일상생활에서도 적용된다. 이와 같은 관계에 속하는 자들은 '선 자善者', '고귀한 친구', '영광스러운 친구'들로 불리 운다.

반대편 : 궁정의 시종들이 독특한 머리 스타일(위로 높게 말아 올리고 짧은 앞머리)을 보여주며 다양한 지물(그릇이나 방패와 같은)을 들고 있다. 모두 어떤 대상을 향하여 깊은 생각에 잠겨있는 표정이다. 보로부두르의 수행자들은 대부분 부조에서 발견된 인물들과 자신들을 동일시한다. 상단에 코끼리 두 마리가 정교하게 묘사되었다.

의 패널은 수다나가 도솔천에 도착한 이후에 일어난 사건과 그의 '영적인 스승'인 문수와 보현보살과의 만남의 장면에 할애하고 있다. 그들은 수나나에게 최고의 지혜를 전수한 '영적인 스승'이라는 영예를 갖는다. 보로부두르의 전체 1,460개 부조 패널 중에 최고의 순간은 수다나가 이 '영적인 스승'을 따르겠다고 맹세하는 마지막 장면이다.

경전

　　『입법계품』은 아시아의 전 지역에서 가장 널리 전파된 불교경전 중 하나로, 4세기경 최초로 인도의 산스크리트본이 중국어로 번역되었다. 『입법계품』은 처음에 『화엄경(the Avatamsaka Surtra)』과는 별개의 경전이었으나, 후대에 『화엄경』의 마지막 결론부에 속하게 되었다. 『화엄경』은 기원후 421년에 북인도의 승려인 부다다라에 의하여 완성되었고, 당시 「입법계품」은 『화엄경』의 43장중에서 마지막 장을 구성하고 있다. 고대의 중국과 일본에서 이 경전과 관련된 불교미술 작품이 흔하지만, 보로부두르에 묘사된 것과는 상당한 차이가 난다.

　　보로부두르에 도해된 「입법계품」의 마지막 장면이 『화엄경』이나 심지어 가장 오래된 한역본 「입법계품」에서 발견되지 않아서 상당한 혼란이 초래되었다. 마지막 장면은 바드라카리 프라니바나가타(the Bhadracari Pranidhanagatha), 즉 '영적인 스승의 맹세'로 호칭되나, 가끔 축약하여 바드라카리(Bhadracari)로 불린다.

　　아미타불의 영적인 능력과 그의 영광과 관련된 이 마지막 장면은 초기 번역본에서는 기술되지 않았고, 8세기경에 불공(Amoghavaijra)이 한역한 경전에서 비로소 등장한다. 「입법계품」의 완성본은 798년에 인도의 오리사왕이 중국 황제에게 전달한 필사본을 반야삼장(Prajna)[14]라는 승려가 번역하였다. 물론 이 시기는 보로부두르의 축조와 겹치는 시기로 자바인들이 중국보다 먼저 「입법계품」의 완성본을 소유하였을 가능성이 있다.

14_ 역주 프라즈나(반야삼장, 반야)는 9세기 간다라 출신(현재의 아프가니스탄의 카불지역)의 중요한 불교 승려로 당대唐代에 중국을 방문하여 중요한 산스크리트 경전(화엄경, 대승리취육바라밀경, 대승본생지관경 등)을 중국어로 번역하였다. 그는 특히 일본에서 유학 온 홍법대사弘法大師 쿠카이와 친밀하게 지냈으며, 그가 산스크리트 원전을 배우고 이해하는데 도움이 되었다.

수다나의 여정

　　동측 계단에서 남동쪽 코너까지, 16개의 패널로 구성된 갤러리에서 첫 번째 패널은 숲속에서 명상을 하고 있는 부처와 수많은 천인들이 등장한다. 부처는 그들을 위하여 기적을 행하고, 수많은 보살들, 제자들, 그리고 자비로운 인간통치자들의 경배를 받고 있다. 그러나 일부 소승불교를 추종하는 인간들은 이와 같은 기적을 볼 수 없는데, 오직 자신만의 구원을 추구하고 중생을 도울 의지가 없으며, 또한 자신의 전생을 마주할 준비가 되어 있지 않기 때문이라고 경전은 설하고 있다.

　　이는 두 번째 부조 패널(II.2)의 주제로, 화면에서 부처는 보이지 않고, 오직 그의 빈자리만 남아 있다. 보로부두르의 방문객들은 부조의 내용을 공부하면서 새로운 통찰력을 얻기 위한 마음의 준비를 해야 한다. 다음 부조로 이어지는 새로운 사건을 앞두고, 그들의 고착된 관념과 세상을 대하는 낡은 방법에서 벗어날 수 있는 마음의 준비를 해야 한다.

　　남동쪽 코너에서 돌기 전 마지막 부조에서 문수보살이라는 중요한 보살이 대좌에 앉아 있다. 그는 인간 세계의 남쪽으로 떠나기로 결심하였다. 경전에 언급된 이 장소의 명칭은 실제로 남인도에 존재 한다[15]. 문수보살이 도시의 동쪽사원에 머무를 때, 수다나를 포함한 수많은 사람들이 그를 경배하기 위하여 모여들었다. 수다나의 이름(선재동자善財童子)은 '선한 재물'이라는 의미가 있는데, 문수보살이 예언한 대로 그가 태어날 때 부모의 집에 기적처럼 수많은 재물이 생겨났다.

　　문수보살이 설교를 마치자, 수다나는 자신을 완전하게 만들고, 중생들에게 무지無智와 짐이 되는 편견을 깨부수는 금강석과 같은 지혜를 달라고 요청한다. 문수보살은 수다나에게 나라 부근의 산에 살고 있는 스님 한 분을 방문하도록 일러주었다. 이 패널에서 수다나는 시종들과 함께 화면의 우측에 서있다. 수다나의 시종들은 경전에는 언급된 적이 없으며, 중국이나 일본의 불교미술에도 존재하지 않는다. (II.16)

　　대탑의 남쪽 패널에서 문수보살이 수다나에게 가르침을 베풀기 위하여 인도한 첫 번째 스승을 수다나가 방

15_ 역주 - 보타락가산

문하고 있다. 수다나가 이동하는 장면은, 즉 걷거나, 가마를 타거나, 코끼리와 마차를 타는 것 등은 경전에 언급되지 않았으나, 자바인들이 후대에 추가하였다.

수다나는 실제로 110명의 선지식을 방문하였으나, 경전에서는 45명만 언급되었다. 수다나가 이 45명의 선지식들을 한 차례씩 방문하였지만, 보로부두르의 부조에서는 두 차례의 방문으로 묘사된다. 수다나의 첫 번째 방문부터 마지막 미륵의 도솔천까지의 방문회수를 전체 패널 110개에 맞추기 위하여 반복적으로 묘사했을 가능성도 있다. 조각가들은 선지식을 방문한 회수와 경전에 언급된 회수가 같도록 수다나의 방문을 표면적으로 반복하여 묘사하고 있다.

경전에 내포된 교훈은 단 하나의 특정한 장소나 인물로부터 깨달음을 추구하지 말라는 것이다. 수다나의 선지식들은 사회의 모든 계층으로 구성되었으며, 여성과 남성, 어린이들, 그리고 초월적인 존재들까지 다양하다. 누구든지 깨달음을 얻는데 도움이 되며, 지혜라는 것이 특정 엘리트가 소유하거나 그들로부터 전수되는 것이 아니라는 것을 암시하고 있다.

그러나 경전은 사람마다 불교의 지혜를 받아들이는 능력이 다르며, 이러한 중생들의 수준에 맞추어 지식의 전수가 이루어져야 한다고 강조한다. 이는 보로부두르

수다나가 꿈속에서 누군가 이 순간에 깨달음을 얻었다고 고지告知한 밤의 여신을 방문하고 있다. 수다나는 여신을 향하여 두 손을 바닥에 공손히 모두고 무릎을 꿇고 있다. 수다나가 선지식들을 방문할 때마다 취하는 독특한 자세이다. 여신은 사자좌위에서 한손을 들어 수다나에게 교훈을 주는 포즈를 취하고 있다. 상단에 둥글게 말린 모티프는 구름을 상징한다. (panel III.67)

보탑에 좌정한 문수보살이 수다나에게 산에서 수행하고 있는 승려를 방문할 것을 권하고 있다. 화면에서 문수보살의 표정과 자세는 보로부두르의 다른 보살과는 상당히 다르게 묘사되었다. 일부 학자는 문수보살이 보로부두르를 건설한 사일렌드라 왕국의 중요한 고관의 모습을 모델로 조각되었을 가능성을 제시하였다. 후면에 마카라와 바닥에 보석 모티프가 새겨진 화려한 감실에서 문수보살은 무릎 떠리를 두르고 연좌蓮座하고 있다. 그는 왼손에 그의 상징인 청련靑蓮을 수지하고, 오른손은 의미가 확인되지 않은 수인인 손가락을 구부리고 있다. 왼쪽 나무아래 승려들이 좌정하고, 우측에 수다나가 서있다. 수다나의 얼굴은 안타깝게도 심하게 훼손되었다. (panel Ⅱ.16)

가 오직 지적인 수준을 갖춘 불교초보자들을 위하여 건립되지 않았고, 이 단계까지 대탑을 오른 방문객 모두를 위하여 건립되었다는 것을 의미한다. 방문객들은 상부 갤러리의 부조로부터 교훈을 얻기 위하여 지금부터 열린 마음을 갖는 것이 중요하다.

탐구를 위한 여정의 첫 번째 단계부터 수다나의 스승은 다양하다. 승려(Ⅱ.17-19,22), 의사(Ⅱ.20), 수행자(Ⅱ.24), 평신도(Ⅱ.29), 여승(Ⅱ.33), 왕(Ⅱ.35-36), 고행자(Ⅱ.39), 그리고 왕자가 포함된다. 그러나 그의 아버지와 같은 상인, 배의 선장(Ⅱ.41), 어린 소년(Ⅱ.27)과 같은 보통사람들까지 다양하다. 수다나가 화면에서 스투파를 경배하고 있다. (Ⅱ.45)

대탑의 남면에서 수다나의 여정은 두 분의 성인聖人과 조우할 때까지 계속된다. 그들과 수다나의 만남은 맨 끝 코너에서 볼 수 있다. 한 분은 관음보살(Ⅱ.47)로 포탈라카 산에 거주하고, 다른 한분은 수다나가 목격한 시바신(Ⅱ.48)으로[16] 그는 이 도시의 사원에서 설교하고

있었다. 시바신은 자바에서 가장 유명한 힌두교의 신이다.

방문객들이 남면의 코너를 돌아서며 마주한 첫 번째 장면에서 수다나가 다양한 여신을 방문하고 있다. 이 새로운 선지식들의 명호를 알 수 있는 단서가 부족하지만, 일부 지모신地母神(Ⅱ.49)이나 가우타마 부처의 부인(Ⅱ.62)과 그의 어머니(Ⅱ.63), 그리고 8분의 밤의 여신(Ⅱ.50-57)이 식별 가능하다. 밤의 여신들이 꿈에 나타나서 어떤 인간이 머지않아 깨달음을 얻을 것이라고 중생들을 일깨우고 있다. (Ⅱ.67) 수다나는 마가다에서 이 여신 모두를 친견하였다. 비로자나불 주변의 만다라에 여신 두 분이 앉아 있다. 경전에서 부처는 비로자나불의 화신이라고 설한다. 수다나는 여신들을 뵙기 위하여 33천으로 올라가간 뒤에 다시 카필라바스투가 있는 지상으로 내려온다. 그리고 남쪽으로 여정을 계속하여 두 분의 선지식인 금세공인과 평범한 마을사람들도 만나뵈었다. 마지막으로 수다나는 미륵에게 그를 소개한 소년과 소녀를 방문하였다.

다음 부조에서 수다나는 등장하지 않는데, 아마도 다른 단계로 넘어가는 과도기일 가능성이 많다. 구름 위를 걷고 있는 사람들(Ⅱ.73), 네 명의 보살과 함께 연꽃위에 좌정한 부처님(Ⅱ.74), 가르침을 베푸는 장면(Ⅱ.75), 그리고 경배하는 장면(Ⅱ.76) 등이 묘사되었다. 수다나가 또 다시 등장하고, 선지식을 향한 두 번째 여정이 시작된다. 수다나의 선지식으로 수도자, 상인들, 관음보살(Ⅱ.100-102)과 시바신(Ⅱ.104)이 또 다시 등장한다. 수다나가 부처(Ⅱ.78,94)와 스투파(Ⅱ.96, 98)를 경배하는 장면도 있다.

두 번째 테라스의 동측 갤러리에도 수다나는 알려지지 않은 수많은 여신들과 인물을 방문하고 있다. 밤의 여신 중에 한분이 바즈라가 장식된 건물에 앉아 있다. (Ⅱ.106) 다른 장면은 비말라드바자라 보살(Vimaladhvaja, 적광보살)에게 깨달음을 구하고 있다. (Ⅱ.113) 세 번째 테라스의 문으로 진입하기 전에 (Ⅱ.126-128) 마지막 3개 패널의 부조에 수다나가 미륵을 친견하기 위하여 비로자나불의 보탑寶塔에 도착하였다.

16 역주 힌두교의 시바신은 베다에 등장하는 파괴의 신 루드라를 계승하였으며, 기원전 2-3세기경에 힌두교의 주신으로 성립되었다. 시바는 불교에서 초기부터 수용되어 불법의 수호신인 마혜수라천이 되었으며, 중기밀교에서 탄생한 각종 명왕의 기원으로서 그의 성격과 권능은 중요하다. 기원후 8세기는

인도의 힌두교 삼신(브라흐마, 시바, 비슈누) 중에 시바신의 영향력이 가장 큰 시기로, 불교가 쇠퇴하며 받아들인 탄트리즘에 힌두교의 주신을 포용하고 있음을 보여주고 있다.

부조의 내용은 알려져 있지 않으나, 수다나
가 선지식 중 한분을 방문하고 있는 장면일
가능성이 많다. (panel II.87)

수다나의 동반자들은 보로부두르의 부조
에서 대부분 수다나와 함께 등장하나 입법
계품과 관련된 어느 경전에도 언급되지 않
았다.

미륵은 세 번째 테라스 부조로 이어지는 다음 장면에서 수다나의 스승이다.

「입법계품」의 스토리는 세 번째 갤러리의 주벽으로 이어진다. 세 번째 테라스 통로의 좌우측에 설치된 모든 패널이 하나의 소재, 즉 수다나가 미륵을 만나는 장면에 할애되었다. 계단의 남쪽에 위치한 동측 부조에서 수다나는 미륵에게 감사를 표명하며(Ⅲ.1), 그의 설교를 경청한다(Ⅲ.2). 미륵은 이제 보탑에 들어 갈 것이라고 그에게 일러주었다. (Ⅲ.3)

미륵이 그의 손가락을 딱 치며 문을 여는데(Ⅲ.4), 이와 같은 동작은 문에 들어가기 전에 내부에 있는 사람들이 놀라는 것을 피하기 위한 인도의 오래된 관습이다. 손가락을 마주치며 딱치는 관습은 심원한 의미를 갖는다. 경전에 따르면 신중들이 이 소리를 내는 순간에 부처가 깨달음을 얻었다. 보로부두르에서 이 동작은 수다나가 실제로 보탑으로 들어가는 것과 깨달음을 추구하는 것 모두를 상징한다.

미륵이 수다나에게 이제 문이 열렸다고 전하자(Ⅲ.5), 그는 행복한 마음으로 계단을 올랐다. (Ⅲ.6) 수다나는 보탑 내부에 수많은 궁전이 있는 것을 목격하였다. (Ⅲ.7) 미륵은 수다나에게 또 다른 교훈을 주었다. (Ⅲ.8-9) 이후 이어지는 수많은 패널은 현재로선 명료하지 않으나(Ⅲ.8-19), 수다나에게 또 다른 구도의 여행을 떠나라는 미륵의 가르침을 묘사하였을 가능성이 있다.

갤러리의 코너를 돌아서면, 더욱 많은 패널이 수다나가 미륵에게 가르침을 받는 장면으로 할애되었다. 수다나는 첫 번째로 문수보살(Ⅲ.12)을 방문한다. 문수보살은 후에 보현보살의 예하에 속한다. (Ⅲ.16-19) 보현보살은 보로부두르에서 특히 중요한 존재로 보이는데, 각종 부조에서 가장 높은 위계를 보여주기 때문이다. 그의 도상적인 특징은 왼손에 3개의 봉오리가 매달린 긴 연꽃줄기를 수지하고 있다.

이제부터 부조는 각종 사물이 차례로 묘사되는 긴 시리즈가 시작된다. 대탑의 남면에 첫 번째 20개의 패널은 비로자나불의 보탑을 장식하고 있는 상서로운 것들이 조각되었다. 주로 깃발, 종(Ⅲ.22), 진주목걸이(Ⅲ.23-24), 보석, 금망金網(Ⅲ.24?), 향로(Ⅲ.25), 거울(Ⅲ.27), 제단, 귀중한 의복의 구름(Ⅲ.29), 보수寶樹(Ⅲ.30)와 기旗(Ⅲ.)가 묘사되었다. (Ⅲ.31)

대탑의 서면도 보탑을 장식하고 있는 금 바나나무(Ⅲ.33), 보석으로 만든 보살상(Ⅲ.34)과 노래하는 새(Ⅲ.35), 보석 연꽃(Ⅲ.36), 그리고 연지蓮池(Ⅲ.38)가 묘사되었다. 다음에 이어지는 장면은, 수다나가 전생에서 미륵의 도움으로 명상과 자비행각(Ⅲ.44), 부처에게 경배(Ⅲ.45), 요가수행 등을 행함으로(Ⅲ.47) 영적인 성취를 얻게 된다는 내용이다. 이 단계에서 묘사된 다른 부조상들은 현재로선 상세한 해석이 불가능하다.

또 다른 보탑에서 미륵은 그의 백성들(Ⅲ.59)을 교화하는 전륜성왕으로 등장한다. 그가 타이탄과 신들의 영원한 적수인 마왕에게 설교할 때는 각각 다른 모습으로 나타난다. (Ⅲ.68) 그는 지하세계(Ⅲ.69)에 있는 존재들의 고통을 덜어주고, 굶주린 아귀들에게 음식을 공양한다. (Ⅲ.70) 그는 동물들(Ⅲ.71), 인간들(Ⅲ.72), 나가들(Ⅲ.74)과 같은 다양한 창조물들과 신들, 괴물들, 새들, 타이탄과 인간을 그룹별로 나누어 제도한다. (Ⅲ.75)

세 번째 갤러리 주벽(동면, 계단의 북측)의 나머지 패널은 해석이 쉽지 않다. 미륵이 깨달음을 향하여 나가는 수많은 존재들을 제도하고 있다. 마지막 세 개의 패널에서 미륵은 일단의 보살들과 함께 모든 존재들에게 도움이 되는 미적, 형이상학적인 방법에 대하여 숙고하고 있다. 미륵과 보살들은 단 한 번의 생에서 깨달음을 얻을 것이며, 미륵은 수 십 만년동안 이 길을 멈추지 않고 걸을 것이다.

세 번째 갤러리의 난간 벽으로 스토리가 계속 되는데, 다시 동측계단에서 시작하여 남쪽방향으로 진행된다. 이곳의 부조들은 상당히 손상되었다. 일부는 완전히 탈락되었고, 일부는 단편만 남아 있어 아마도 스토리의 순서가 바뀌었을 가능성도 있다. 1907-1911년에 반 얼프가 복원할 당시, 충분한 학술조사와 연구가 이루어지지 않아 부조의 내용과 관련된 정보가 부족하였다. 그럼에도 불구하고 그가 순례자들의 우요의식을 의식하며 이와 같이 정교한 결과를 창출했다는 사실은 상당히 흥미롭다.

동측 첫 번째 패널에 두 인물이 등장하는데, 무릎을 꿇고 있는 수다나와 곁에 서있는 미륵이다. 경전의 내용이 매우 추상적이며, 부조의 해석 역시 상당히 어렵다. 경전에 따르면 '교리를 가르치는 음성과 함께 등장한 셀 수 없는 초월적인 존재들과 보살들의 현신顯身들

반대편 : 관음보살로 아시아지역의 불교에서 가장 유명한 보살 중 한분이다. 그는 포탈락카산에 거주하며 자비의 화신으로 알려져 있다. 부조에서 보살은 높은 보관을 착용하고 다비상多臂像으로 팔이 여섯 개며 사자좌에 결가부좌를 하고 있다. 하단 오른손바닥을 펴서 자비를 나타내며, 상단은 염주를, 그리고 왼쪽 가운데 손은 활짝 만개한 연꽃줄기를 수지하고 있다. 하늘에 천인들이 날고 있다. *(panel Ⅱ.102)*

다음 장; 보살 비말라드바자(*Bodhisattva Bimaladhvaja*)은 두 명의 군인이 격렬하게 싸우는 동안에 선정에 몰두하고 있다. *(panel Ⅱ.113)*

을 관상觀想하는 수다나'라고 언급되었다.

보탑에서 수다나는 연꽃에서 태어나는 미륵을 친견하고(ⅢB.35?), 석가모니의 탄생은 떠올리며 일곱 걸음을 걸었다. 이 행위가 패널(ⅢB.34)에 묘사되었다면, 반 얼프의 복원과정에서 두 패널은 위치가 바뀌었다. 화면의 좌측에 서 있는 두 인물은 아마도 그가 걸을 때 주의를 주었던 인드라와 브라흐마신일 가능성이 있다.

다음 일련의 부조는 부처의 형상(ⅢB.47,50), 보살들, 다른 초월적인 존재들, 그리고 연꽃에 앉은 모든 종류의 인간들을 관상하는 수다나를 묘사하고 있다. 수다나 역시 상부에 묘사된 다양한 생명들과 함께 보수寶樹를 관상하고 있다. (ⅢB.64,66-67; 아마도 51이 장면에 속한다).

동쪽 계단에서 스토리는 지속된다. 미륵이 전생에서 도움이 필요한 그들에게 자신의 머리부터 내주고 있다. (ⅢB.71) 다음 패널은 정확한 해석이 불가능하지만, 그가 옷과 보석과 같은 것들을 나누어주고 있다. 패널 ⅢB.80에서 괴물에게 자신을 먹도록 내주며, 패널 ⅢB.84에서는 그의 자식을 보내고, 패널 ⅢB.85에서 그의 부인을, 패널 ⅢB.86에서 보석더미를, 그리고 패널 ⅢB.88에서 그의 궁전(또는 그의 왕국을) 내주고 있다.

경전의 스토리는 네 번째 갤러리의 난간 벽으로 이어진다. 계단에서 남동쪽 코너까지 더욱 많은 미륵의 자선행위가 묘사되었다. 브라흐마에게 준 첫 번째 선물은 자신의 전륜성왕의 지위이다. 전륜성왕은 궁전과 7가지의 표장表裝(사진14)으로 상징되는데[17], 여왕, 군통수권, 우두머리 관료, 코끼리, 원반, 말과 여의주가 포함된다. (ⅣB.1) 그는 그의 대좌도 승려에게 주었다. (ⅣB.2) 다음 부조는 하인들, 궁전과 부인들, 그리고 그의 정원을 묘사하고 있다. (ⅣB.3-4) 패널 ⅣB.5에서 그는 파라솔을 그들에게 준다. 다른 선물들, 예를 들어 꽃, 향수, 의약품과 음식(ⅣB.9-11), 차폐물(ⅣB.14), 비싼 구리 그릇들(ⅣB.16), 그리고 타고 다니는 수레까지 베풀고 있다. (ⅣB.17)

네 번째 갤러리 난간의 남쪽 패널은 미륵의 또 다른 선행을 묘사하고 있다. 이곳에는 해방된 죄수들이 있고

17_ 역주 - 기원후 2-4세기경의 남인도지역의 불교미술(아마라바티, 나가르주나 콘다 등)에서 볼 수 있는 인도전통의 '전륜성왕의 7가지 보물'이 자바의 섬에도 표현된 점은 매우 흥미롭다 (후면 사진참조).

기둥전의 부하들 (panel Ib 65)

(IVB. 18), 병든 어린이를 돌보는 장면과 (IVB. 19), 길을 잃은 여행객들에게 올바른 길을 가르치는 장면이 있다. (IVB. 20)

경전에 따르면 미륵이 강을 건너는 사람들에게 배에 태워주는 뱃사공으로 기술되었으나, 화면에서 미륵은 그들을 등에 지고 나르고 있다. (IVB. 21) 다음 패널에서 미륵은 악마의 섬에서 사람들을 구하는 말로 변신하였다. (IVB. 22)

이제 서쪽 난간에 도달한 순례자들은 현명한 스승 (부처(IVB. 28-29))으로 변신한 미륵을 보게 된다. (IVB. 24) 그는 스투파를 장식하거나, (IVB. 33) 불상을 소지하고 있다. (IVB. 34) 다음 몇 개의 패널은 해독이 거의 불가능하다. 경전은 미륵의 가르침에 대하여 언급하고, 꿈에서

본 어떤 사물과 관련된 수다나와 다른 사람과의 감정을 비교하였다. 꿈에 본 사물 중 하나는 훌륭한 저택(아마도 IVB. 36이나 38)도 포함되며, 음악과 춤도 언급되었다. (IVB. 42)

그리고 미륵이 다시 나타나 손가락으로 '탁'소리를 내며 수다나의 관상을 깨우며, 문수보살을 한 번 더 친견할 것을 권한다. 다음으로 이어지는 세 개의 패널(IVB. 43-45)에서 가운데 패널의 인물이 가슴에 그의 상징인 '소년의 띠'를 두른 문수보살이다. 수다나가 미륵에게 작별인사를 표명하고 있다. (IVB. 47)

수다나는 문수보살을 친견하기 위하여, 110개가 넘는 도시를 지나가며 여행을 계속하였다. 문수보살의 거처에 도달하는데 아직도 330마일(약 530km)정도 남아 있

상단 : 미륵보살이 모든 생명체에게 경전을
설파하고 있다. 수다나는 미륵(보이지 않
음)의 설법에 주목하고, 동물들도 몰두하고
있다. (panel III. 71)

반대편 : 다른 보살과 마찬가지로 천년동안
쉬지 않고 걷는 기적을 미륵이 행하는 동안
에 수다나가 무릎을 꿇고 그에게 경의를 표
하고 있다. (panel III. 88)

보현보살의 서원. 그는 화면의 하단 중앙에서 그의 상징인 세 줄기의 연꽃을 수지하고 수다나와 신들의 경배를 받고 있다. 상단은 9불이 두열로 장엄하게 나열하고, 9불의 좌우측에 연좌의 일월日月과 함께 경배하는 자가 표현되었다. 9불의 수인은 모두 다르다. 후면의 4불은 모두 설법인을 결하고, 전면의 5불은 보로부두르 하단 벽의 4불(방위불)과 상단 벽의 1불이 결하고 있는 수인과 서로 상응한다. 이와 같은 도상과 일치하는 경전은 현재까지 발견되지 않고 있다. (panel Ⅳ. 53)

마음을 집중하는 관상觀想에 들어간다. 이는 불국정토를 관상하는 10가지 법法 중 하나로, 연지蓮池가 포함된다. (IVB.54)

수다나의 관상은 북쪽코너로 이어지고, 우리는 그곳에서 '깨달음의 장소'나(IVB.61), '동정심이 많은 인간들'과 같은 추상적인 장면을 목격하게 된다. 부처를 정관靜觀하는 관상의 장면도 있다. (IVB.62) 다음은 수다나가 '10가지의 광명'을 목격하는 것인데, 일부는 꽃과 보석으로(IVB.63), 다른 것은 향수와 같이 더욱 묘사하기 어려운 추상적인 것도 포함된다.

북문 동측에 수다나는 마지막으로 비로자나불(IVB.72)앞에 좌정한 보현보살(IVB.70 or 71)을 친견하고 있다. 이때 더욱 불가사의한 장면들이 나타나는데, 향로(IVB.73)가 매달린 향기로운 나무의 바다, 아름다운 천의, 진주, 여의주, 그리고 셀 수 없는 정토와 천인들이 화면에 가득 묘사되었다.

북쪽 끝에 있는 난간의 패널에는 수다나의 '10단계 깨달음' 중에 마지막 장면을 묘사하고 있다. (IVB.81) 보현보살이 수다나의 머리에 손을 얹고 있다. (IVB.82) 다음에 이어지는 두 장의 패널에 네 방향을 상징하는 수인

상단 : 보현보살의 서원과 관련된 패널의 상세도. 부처는 항마촉지인을 결하고 있다. 우측에 보현보살과 덕이 높은 귀족들이 이를 지켜보고 있다. (panel IV. 54)

다음 장(좌측); 수다나가 전생에서 보살이 되기 위하여 행했던 다양한 선행善行을 미루어 보여주는 장면(부분). 선행에는 선정, 자선행위, 부처를 경배하는 일, 그리고 특별한 요가 등이 포함된다. 장면은 경전의 중요성도 보여주는데, 수다나 바로 뒤 산개아래 서있는 남성이 책으로 보이는 물건을 들고 있다. (panel III. 49) -(역자)사진과 설명이 일치하지 않는다.

다음 장(우측); 보로부두르에서 마지막 장면으로 해석이 매우 난해하다(부분). 입법계품 중 가장 추상적인 내용인 우주에 산재한 셀 수 없는 부처의 출현에 대하여 기술하고 있다. 그들은 스투파, 태양, 그리고 달과 같은 해석이 난해한 다양한 상징으로 표현되었다. (panel IV. 72)

으나(IVB.50), 문수보살이 이미 손을 뻗어 수다나의 머리를 쓰다듬고 있다. (IVB.51) 그들은 무언가 대화를 시도하고 있으나, 경전은 간단히 언급되었다.

이제 경전의 마지막 단계로, 수다나는 좌선 중에 부처가 어디에서 깨달음을 얻었는지, 그리고 보현보살을 친견하기를 원하며 주변을 천천히 둘러보고 있다. 그는 명상 중에(IVB.52-53), 보현보살의 출현을 간절히 원하며

수다나와 보현보살이 선행을 하겠다는 서
원을 하는 장면이나, 패널 상단에 묘사된 삼
존상(과거-현재-미래)을 친견하겠다는 그
들의 서원을 묘사하였을 가능성이 있다. 하
단 중앙에 그의 상징인 세 줄기 연화를 수
지한 보현보살이 두 손을 합장하고 앉아 있
다. (panel IV.50)

을 결하고 있는 방위불方位佛을 묘사하고 있다.

동쪽 문에서 시작하여 네 번째 갤러리의 주벽까지
는 「입법계품」의 마지막 장면으로, 수다나는 마침내 보
현보살과 같은 보살이 되겠다는 서원誓願을 세운다. 그
는 시방세계의 부처님(아마도 IV.1에 묘사된 10분의 부처)께
경배하며 그의 서원이 시작된다. 그리고 보살들 가운데
좌정한 부처를 바라보며(IV.2.3), 꽃(IV.5)과 화환(IV.6)과,
음악과(IV.7), 그리고 산개(IV.9)를 모든 부처님께 공양하
겠다고 서약한다.

대탑의 남면 코너부근에서 첫 번째 부조는 스투파의
우측에 좌정한 보현보살을 묘사하고 있다. 경전에서 언
급한 '산과 같은 거대한 향을 공양하는' 장면을 묘사하였
을 가능성이 많다. (IV.13) 화면에는 더욱 많은 부처들과
공양물들이 등장한다. 경전은 모든 창조물들의 선행을
바라는 더욱 더 경건한 소원들이 기술되었다. 보현보
살은 뱀과 같은 존재들(IV.31), 괴물들(IV.32-33), 인간들
(IV.34), 그리고 모든 살아있는 존재들을 교화할 것을 서
원한다. (IV.35)

수다나가 보현보살처럼 날 수 있게 해달라는 서원을 하고 있다(부분). 부조에서 수다나가 경외의 시선으로 바라보는 가운데 보현보살이 하늘을 날 수 있는 능력을 증명하고 있다. (panel IV. 60)

부록 1- 자바미술의 개관

중앙 자바지역에서 단지 몇 개의 사원만을 둘러본 보로부두르의 방문객들은 고대 자바인들이 성취한 미술이나 문명의 광대한 세계에서 보로부두르가 차지하고 있는 위상을 느낄 수 없다.

정확한 편년이 가능한 고대 자바의 미술품은 거의 없으며, 소수의 유적 또는 조각에서 기년을 알 수 있는 명문이 일부 발견될 따름이다. 보로부두르시대의 주요 유적 대부분이 고고학자들이 과학적인 방법을 사용하여 탐사하기 전인 20세기 초에 이미 발굴이 완료되었다. 당시 유적이나 조각상들은 상호 관련성이나 서로 다른 토층의 올바른 기록도 없이 발굴이 진행되었다. 과학적인 발굴의 방법을 적용하지 않고는 우리는 정확한 자바미술을 재구성할 수 없다.

이와 같은 여건에서 우리는 작품의 편년을 추정하기 위하여 비교적 정교하지 않거나 신뢰가 떨어지는 방법에 의존해야만 했다. 고대의 자바에서 불교와 힌두교 미술은 보통 두 시기로 구분하는데, 기원후 700-900년에 속하는 중앙자바시기와, 이후 900년에서 1500년까지의 동부 자바시기이다. 이 시기이후의 자바미술은 이슬람시기에 해당된다.

중앙자바시대에 속하는 대부분의 사원과 조각들은 자바 섬의 서쪽 디엥 고원지대에서 동쪽 라우산 사이의 내륙에서 발견되지만, 라우산에서 동쪽으로 몇 백 킬로미터 떨어진 지점에서도 약간의 유적이 발견된다. 중앙자바미술의 대부분은 종교적인 목적으로 만들어 졌다. 이 외에 중요한 출토물은 상당량의 금으로 만든 장식물로, 손이나 발가락 또는 귀에 끼는 반지종류와 관, 목걸이, 머리 장식품, 그리고 허리와 가슴에 두르는 띠 등이 있다. 이와 같은 장식물이나 '금 상인의 공작소' 등은 보로부두르의 부조에서 흔히 볼 수 있다.

아시아의 내륙에서도 보로부두르의 대탑과 같은 건축형식은 존재하지만, 역설적으로 인도네시아에는 보로부두르가 유일하다. 아마도 자바인들은 이 거대한 유적 하나로 만족한 듯 보인다. 중앙자바시대의 것으로 추정되는 다른 건조물들 대부분은 종교 대상물을 안치하기 위한 공간으로 사용되었거나, 아마도 사악한 외부로부터 신상을 보호하기위한 시설물로 이용되었다.

불교사원

보로부두르 인근에 남아 있는 고대의 불교사원은 파원과 멘둣사원 2개가 유일하다. 두 사원 모두 보로부두르와 비슷한 시기에 축조되었지만, 사원의 형식은 보로부두르와는 다르다. 파원사원(사진12)은 비교적 작고 부근의 몇몇 사원에서 발견되는 독특한 창문이 설치되어 있다. 반면에 멘둣사원(사진 7)은 규모가 매우 크며 잘 보존된 대형 삼존불상을 안치하였다. 사원 계단의 벽은 석가모니 탄생설화가 일련의 부조형식으로 장식되었다.

프람바난 평원에서 가장 잘 보존된 불교사원은 플라오산 사원(사진5), 세우(사진9), 사리(사진15), 그리고 칼라산(사진16) 등이다. 모든 사원이 외부 벽을 보살상으로 장식하였지만, 보로부두르와 같은 설화식의 부조는 조성되지 않았다. 사리와 플라오산사원은 내부를 목조바닥이 설치된 2층 구조로 만들었으나, 현재는 남아있지 않다. 모든 사원이 수많은 작은 사원과 스투파에 둘러싸여 있는 하나의 성소(플라오산은 2개)를 가지고 있다. 그러나 칼라산과 사리사원은 이와 같은 부속건물이 현재 사라지고 남아 있지 않다.

힌두교사원

프람바난에 위치란 대규모 로로 종그랑(프람바난) 힌두교사원 집단(사진6)을 제외하고는, 중앙 자바지역의 힌두교사원들은 규모가 비교적 작다. 그러나 불교사원보다는 사원의 숫자가 많으며, 존속기간도 7세기 후반에서 9세기 후반까지도 더 길다. 불교사원들은 왕권의 중심지로 추정되는 섬의 중앙에 위치한 두 개의 넓은 평원에 집중된 반면에, 대부부의 힌두교사원들은 비교적 변두리에 위치하여 지방 토착세력에 의하여 건립되었을 가능성이 많다. 힌두교의 건축가들은 초기단계에서부터 표준화된 평면을 적용하였는데, 후대까지 크고 작은 사원이 약간의 변화를 제외하고는 지속적으로 유지되었다. 중앙의 숭배대상은 대부분 링가(남근, 시바신의 상징)지만, 로로 종그랑 사원은 시바상을 모시고 있다. 시바상의 남쪽에는 스승 아가스티야(Agastya)의 상이, 북쪽에는 여신 두르가상이 있다. 두르가는 시바신의 여성의 화신으로 악마 황소를 죽이고 있다. 사원의 입구는 동쪽이나 서쪽에 마련되었으며, 보통 입구에 가네샤상이 있다. 그는 시바신의 아들로 코끼리 머리를 하며, 인간이 장애를 극복할 수 있도록 도와주는 힌두교에서 인기가 있는 신이다.

중앙 자바지역의 모든 힌두교 사원 중에 오직 로로 종그란 사원에서만 설화식의 부조시리즈를 볼 수 있다. 본전에 설치된 이 부조는 '라마야나의 스토리'로 그가 사악한 악마에게 빼앗긴 왕권과 아내를 되찾아 온다는 내용이다. 이 스토리는 힌두교 3신 중 두 번째인 브라흐마에게 봉헌된 사원으로 이어지며, 비슈누에게 봉헌된 세 번째 사원은 비슈누의 화신인 '크리슈나의 일생'을 같은 방식으로 묘사하고 있다.

동부자바시대

초기 동부자바시대의 주요사원은 발견되지 않았다. 중앙자바시대의 문명이 소멸된 몇 세기 후에 동부자바지역에서 사원의 건립이 시작되었다. 이 시기에 자바의 종교는 중대한 변환기를 맞게 된다. 동부자바에서 귀족과 평민의 구분이 더욱 커졌는데, 대부분의 사원이 귀족들의 비밀 의식을 행하는 장소로 사용되었다. 사원건축과 조각상의 형식도 중앙자바지역과는 다르게 발전되었다. 동부지역의 사원들은 벽돌구조로, 현무암을 주요 건축 재료로 선택한 중앙지역과는 차이가 난다.

동부자바지역에서 로로 종그랑이나 세우사원과 같은 평면이 대칭구조인 사원은 찾아볼 수 없다. 브리타 지역에서 가까운 파나타란 사원과 같은 평면이 불규칙적인 대규모의 사원집단이 존재한다. 사원들의 대부분은 사망한 왕을 기념하기 위하여 봉헌되었다. 그러나 이와 같은 신앙이 중부자바지역에서 더욱 현저하다는 증거는 아직까지 없다.

동부자바지역에 남아 있는 일부 석조사원 중 하나가 말랑지역 근처의 싱하사리에 건립되었다. 이 사원은 암살된 마지막 왕을 위하여 봉헌되었는데, 그의 시신은 발견되지 않았다. 기타 벽돌구조의 사원들은 브란타스 계곡과 솔로강 유역에 흩어져 있다.

이슬람시대이전에 마자파힛이라는 이름의 거대한 왕조가 등장하였다. 마자파힛왕조는 14세기경에 현재의 인도네시아보다 더 넓은 지역을 다스렸다. 이 시기에 두 가지 타입의 사원들이 건립되었다. 그중에 하나는 트로울란(수도), 자고, 키달, 그리고 자위와 같은 사원은 저지대의 유적에서 발견된다. 사원의 형식은 중앙자바지역의 힌두교사원들과 일반적으로 유사하다. 다른 형식은 산의 높은 경사지에 건립되었는데, 그곳에서 밀교와 같은 불교의례가 행해졌다. 라우산의 수쿠와 세토사원, 페난궁간, 링깃, 아르주나와 알가푸라와 같은 사원이 이에 해당된다. 성소는 단순하며 목조로 만든 정자와 유사하다. 주요시설물은 정상을 향하여 올라가는 3개에서 7개정도의 단순한 석조 테라스가 조성되었고, 마지막 테라스 상단에 하나 또는 세 개의 재단이 설치되어 있다. 테라스형식에서 보로부두르와 유사함이 감지되지만, 이곳에서 행한 의식은 인도와는 완전히 다르다.

이 사원들의 성소는 중앙자바지역의 사원들과 같이 세련되거나 평온하지는 않지만, 사원의 테라스로부터 보로부두르의 형식이 지속적으로 유지되고 있었다는 느낌을 지울 수 없다. 이후 보로부두르는 숲과 화산재가 점차 유적을 덮고, 코넬리우스가 도착한 1814년까지 긴 잠에 들었다.

부록 2 - 만다라의 세계

만다라의 세계

『대비로자나불경』에 따르면 만다라의 도형圖形은 채색안료를 사용하여 바닥에 81개의 정사각형을 그리면서 시작된다. 이 81개의 정사각형은 중심에 9개, 그리고 점차 16, 24, 32개로 확대되는 동심형同心形으로 구성된다. 첫째 날, 행사를 주관하는 스승은 81개의 공간을 점유하고 있는 신들을 깨우는 의식을 거행한다. 만다라에 배속된 신들은 밀교의식을 위하여 필수적이며, 스승에 의하여 선택된다. 셋 째날, 스승은 땅에 다섯 종류의 귀중한 물질을 매장하는 의식을 거행한다. 다섯 종류의 방향류[1], 다섯 종류의 의약품, 그리고 다섯 종류의 곡식을 도자기나, 금 혹은 은으로 만든 용기에 넣어 묻는다. 그리고 그 위에 또 다시 보석류, 방향류, 의약품, 그리고 곡식류와 같은 다섯 종류의 소중한 물질을 '비법전수秘法傳受 용기'에 넣고, 주변에 백단향 가루로 불보살상을 안치할 위치를 표시한다.

다섯째날, 신성한 수메르산에 기원하며 특정 불보살들이 만다라에 초대된다. 이제 만다라의 공간은 외부의 사악한 기운으로부터 보호된다. 일곱 째날, 입문자가 성수聖水를 마시도록 권장하는데, 이는 깨달음에 추구하고 부처가 되겠다는 입문자의 서원을 상징한다고 한다. 의식은 입문자에게 다양한 기물器物을 증정하는 것으로 종료되는데, 주로 금강저, 금으로 만든 압설자壓舌子와 불법전파를 상징하는 소라껍질 등이 있다.[2]

만다라에 세분의 신중을 초대하는데, 각각 석가모니와 연꽃, 금강저를 상징한다. 기원후 8세기경, 두 분의 중기밀교 창시자인 불공(한때 자바에 머물며 경전을 수집하였다)과 선무외3는 만다라에서 이 신중들의 위치에 대하여 견해가 다르다. 특히 선무외는 경전이 잘못된 내용이 포함되어 입문자를 잘못 인도하고 있다고 지적하였다.

일본 밀종密宗의 일부는 고대 자바의 불교로부터 파생하였다. 일본에 두 종류의 만다라가 알려져 있지만, 불공계열의 만다라가 더욱 보편적으로 사용되었다. 초월적인 부처는 비로자나불로 불리며, 그를 둘러싸고 있는 네 분 부처의 수인은 보로부두르와 상응한 위치에 있는 부처의 수인과 동일하다. 이 만다라의 네 코너마다 보석이나 여의주가 놓이고, 경계는 꽃으로 장식되었다.

7세기의 중요한 밀교승이며, 초기 금강정경인『불설일체여래진실섭대승현증삼매대교왕경』을 번역한 부다구야(Buddhaguhya)는 '만다라는 왕궁의 정원과 상응하는 꽃들로 꾸며진 궁전과 같다'고 언급하였다.[4] 그의 주장은 보로부두르와 사일렌드라 왕조와의 관련성 측면에서 흥미롭다. 우리는 고대의 자바에서 사원이 통치계급의 중요한 상징이었다는 확신은 없지만, 아마도 가능성은 충분하다고 생각된다. 사원 역시 신도들이 공양한 꽃이 가득 찬 화원으로 장식되었다.

1_ 백단향나무, 침향, 정향, 사프란, 그리고 장뇌가 있다. 이 중에 백단향, 정향과 장뇌는 고대 인도네시아가 독점적인 생산지이며, 다른 두 가지의 향신료도 이곳에서 생산된다.

2_ A. Snodgrass, *The Matrix and Diamond World Mandalas in Shingon Buddhism*(New Delhi: Sata-Pitaka Series, Indo-Asian Literatures Vol. 354, 1988) pp. 155-161.

3_ 역주; 선무외(善無畏: 637~735)은 인도로부터 중국에 밀교를 전한 唐代의 역경승(譯經僧)으로, 원명은 슈바카라심하(Subhakarasimha, 淨獅子)다. 동인도의 오다국(烏茶國:, 오디샤주)에서 출생하여, 13세에 출가하였다. 중부 인도의 나란다에서 달마국다(達磨鞠多)에 사사하고 밀교를 배워 그 깊은 뜻을 깨우쳤다. 중국에 가서 밀교를 전파하라는 스승의 명령으로 카슈미르를 거쳐 716년(개원 4년) 장안에 들어갔다. 당 현종(재위 712~756)시기에 홍복사(興福寺), 서명사(西明寺)에 머물면서 밀교를 선포(宣布)하고 허공장구문지법(虛空藏求聞持法)을 번역하였다. 724년(개원 12년)에는 낙양(洛陽)의 복선사(福先寺)에 있으면서 이듬해에는 밀교의 근본 성전 중 하나인 대일경(大日經) 7권을 번역하였다. 사업에는 제자 일행(一行)이 필수인(筆受人: 번역한 말을 받아 적는 사람)으로서 참가하였다. 선무외는 99세로 입적하였다.

4_ Ibid. p. 554.

금강계만다라

금강계만다라는 9개의 소형 만다라로 구성되며, 중앙의 만다라를 금강계 대만다라로 호칭한다. 『금강정경』에 따르면, 대만다라는 4구역으로 다시 구분하며 각각 6개의 만다라를 구성하고 있다. 6개의 만다라에서 첫 번째 4개는 비로자나불의 화신인 신중을, 그리고 마지막 2개의 만다라는 비로자나불로의 복귀를 나타낸다.[5]

비로자나불은 만다라의 중앙에 위치하며, 주변에는 4존의 부처와 32존의 보살이 둘러싼다. 만다라의 경계는 사방을 수호하는 24존의 신중과 천불千佛이 배치된다. 신중들 대부분은 다양한 사유로 불교에 귀의하지 않은 시바신과 같은 힌두교신이다. 인왕이라는 보살은 복속하지 않는 그들을 죽인다음에 주문을 외워 다시 살리는 방법으로 불교에 귀의시킨다. 이 만다라 역시 사방에 4개의 문이 설치되어 있다.

비로자나불을 둘러싸고 있는 네 분의 부처는 동쪽에 무동불無動佛로 항마촉지인을, 남쪽에 보생불寶生佛로 여원인을, 서쪽에 아미타불阿彌陀佛로 선정인을, 그리고 북쪽은 불공성취불不空成就佛로 시무외인을 결하고 있다. 이들의 명칭과 배치순서는 자바의 대승불교(Venerable Greater Vehicle)와 동일하며, 보로부두르의 설계자들이 대탑 하단의 난간 네 곳에 배치한 불상과도 일치한다. 금강계만다라는 특히 5라는 숫자를 중요시하는데, 부처와 금강저, 보석, 연꽃, 그리고 카르마(행위)를 상징한다.

히말라야의 만다라 유적

'건축물형식의 만다라'는 동아시아에서는 드물지만, 네팔과 티베트지역에서 발견된다. 인도네시아 외에 가장 오래된 '건축물형식의 만다라'는 보로부두르가 완성된 약 200년 후에 북인도 히마찰 프라데쉬주의 타보지역에서 건립되었

다. 타보의 스투코 본존은 비로자나불 사면상四面像으로 선정인을 결하고 있다. 이 사원에 남아있는 '부처의 일생'과 '수다나의 구법여행'을 묘사한 프레스코화의 장면은 보로부두르에서도 발견된다. 대부분의 경전에서 33존의 신중상은 원형으로 배치되었으나, 이 건물에서는 사각형의 벽을 따라 배치되었다. 이와 유사한 배치방법이 자바의 프람바난 인근의 플라오산 사원집단에서도 발견된다.

티베트에서 일부 다층구조로 만들어진 사원 건축물이 만다라의 원리에 따라 설계되었다. 산애(Sanye) 사원은 5층으로 지상 층은 석가모니불이, 그리고 상부의 두 개 층에는 각각 비로자나불과 최상층에 삼바라(Samvara)신중이 배치되었다. 부탄의 탕고 지역에 있는 건물은 3층 구조로 각층마다 다양한 부처를 안치하였다. 그리고 지안테스에 위치한 15세기경의 건물은 9층 구조로 하부의 5개 층은 수메르 산을 형상화했으며, 그 위 3개 층은 구름위에 있는 인드라신의 궁전을, 정상은 스투파로 장식하였다.

미얀마의 파간지역의 수많은 스투파가 3개 혹은 4개의 테라스위에 세워졌다. 파간의 가장 정교한 구조물중 하나인 아난다사원은 기원후 1100년경에 석가모니가 마왕 마라를 물리친 스토리를 신도들에게 가르치기 위하여 축조되었다. 외부의 기단을 장식하고 있는 약 554장의 세라믹 패널에 석가모니왕자의 성도장면이 묘사되어 있다. 기단의 동면을 따라 석가모니의 성도를 축하하며 행진하고 있는 신들의 당당한 모습이 이어지며, 서면에는 마왕 마라와 그의 부하들이 퇴각하고 있다. 80개의 패널에는 석가모니의 일생을, 그리고 912개의 패널에는 자타카를 묘사하고 있다, 그러나 일부는 계단에 오르지 않고서는 볼 수 없으며 스토리의 과정과 다른 내용을 묘사한 패널도 발견되는데, 정확한 의도는 알려져 있지 않다.

티베트에서 보로부두르와 유사한 4단의 계단식 탑신으로 구성된 스투파는 '하늘로부터 내

5_ L. Chandra, *A Ninth Century Scroll of the Vajradhatu Mandala*(New Delhi: Sata-Pitaka Series, Indo-Asian Literatures, vol. 343, 1986)

려온 탑'으로 호칭되는데, 수마트라에 20년을 보낸 아티샤와 관련 있다. 계단식 피라미드는 중동의 메소포타미아에서 이미 5,000년 전에 건립되었다. 일부 고고학자는 보로부두르의 형식이 불교의 스투파와 중앙아시아지역의 테라스 형 성소와 결합하여 만들어 졌다고 주장한다.[6] 이와 같은 관점에서 보로부두르 대탑은 테라스 형 구조가 보여주는 특수성에도 불구하고 유일한 구조는 아니다. 보로부두르만의 특별한 정체성은 테라스의 형식이 아니라 테라스 상단의 특별한 모티프와 구조에 있다.

자바와 더욱 가까운 지역인 캄보디아와 고대의 참파(남베트남)의 사원들도 다층구조의 테라스위에 건립되었다. 그러나 보로부두르보다 오래된 사원은 존재하지 않으며, 보로부두르와 유사한 서사형의 부조나, 계단부문, 불상, 조각상, 그리고 원형의 스투파 테라스가 결합된 형식은 찾아볼 수 없다. 보로부두르의 복잡성은 더욱 차원이 다르며, 보로부두르와의 유사성을 찾아내려는 우리의 시도는 한계가 있다.

히말라야 지역의 만다라는 일본과는 상당히 다르다. 네팔에서 만다라는 금강계(Diamond)와 법계(Dharma World) 만다라로 구분된 반면에, 일본은 두 개의 만다라가 존재하나 개념은 동일한 금강계와 태장계(Matrix or Womb)로 구분된다.[7] 아마도 고대의 자바는 이 두 종류의 만다라 이론이 공존하였을 가능성이 있다.

부록 3- 금강저

수마트라의 금강저(Thunderbolts)

7세기의 스리비자얏 명문에 이미 '시디'(siddhi, 성공)와 '마술적인 방법으로 획득한 초자연적인 힘'이 언급되었다. 금강저는 리아우나 북부수마트라에서 발굴된 고대사원의 벽돌이

나 석재에 조각되어 있으나, 시기는 보로부두르보다 늦다. 서부 수마트라지역의 탕정 메단에서 스투파로 추정되는 무너진 벽돌 건물에서 한 점의 금판金版에 발견되었다. 이 금판에는 5불의 명칭(중앙은 비로자나불이 아닌 무동불)이 기록된 8엽의 연좌와 4날의 금강저가 새겨져 있다. 이 명판銘板의 서체로부터 12세기의 것으로 추정하고 있다.

국립박물관에도 유사한 상이 새겨진 금판이 보존되어 있다. 발굴 장소는 알려져 있지 않지만, 역시 수마트라에서 출토되었을 가능성이 많다. 이 금판도 연꽃과 네 날의 금강저가 새겨져 있으나, 연꽃은 꽃잎이 두 장이다. 내부에 두 분의 부처, 즉 불공성취불과 중앙에 무동불의 명호名號가 새겨져 있다.

이 두 장의 금판은 신비한 도상의 일부나, 요가 탄트라에서 신체의 단계를 표현한 얀트라일 가능성이 있다. 요가의 수행자들은 척수 근저에서 잠들고 있는 데비 쿤달리니와 같은 여신을 불러내는 수행을 한다. 신체를 머리끝까지 6단계로 구분하는 이 수행법을 통하여 그녀를 일깨운다. 이와 같은 과정이 성취되면 수행자는 법열法悅을 느끼게 되는데, 두 장의 연잎은 단계 중 눈 높이를 상징한다고 한다. 요가 탄트라가 12세기의 수마트라에서 상당히 유행하였을 가능성이 있다.

북부 수마트라에 있는 파당 라와지역에서 11-13세기경에 건립된 벽돌사원을 바할(bahal)이라고 칭하였는데, 현재의 네팔에서도 밀교사원을 바할이라고 부르고 있다. 이 사원은 2층 구조로 하층은 5방불이나 다른 불상을, 상층은 명왕明王들을 존치하고 있다.

청동금강저와 금강신

인도네시아에서 9세기경부터 밀교비술密教秘術과 관련된 경전이나 도구가 유행하기 시작하였다. 밀교의식에 사용된 중요한 도구 중 하나가 금강저金剛杵로, 바즈라(vajra) 즉 금강金剛

6_ W. F. Stutterheim, "Chandi Borobudur: Name, Form, Meaning," *Studies in Archaeology* (The Hague: M. Nijhoff, 1956), p. 35.

7_ P. H. Pott , *Yoga and Yantra* (The Hague: M. Nijhoff, 1966), p. 72

이라는 명칭은 특히 8세기경에 자바에 도착한 수많은 전법승들의 이름에서 발견된다. 그중에 중국에서 중기밀교의 창시자로 불리는 금강지(Vajrabodhi)와 불공(Amoghavajra)은 718년에 해로를 통하여 중국으로 가는 길에 자바에서 조우하였다.

자바의 금강저

자바에서 발굴된 밀교의식용 청동종靑銅鐘은 대부분 금강저 형식의 단순한 손잡이를 가지고 있다.[8] 보다 복잡한 것은 종신鐘身과 금강저의 다섯 날사이에 네 개의 불두佛頭가 조각된 것도 발견된다.[9] 8세기후반에 제작된 구리-은 합금형태로 주조된 종은 네 가지의 상징(금강저, 보석, 홍련紅蓮, 지워짐))과 그 아래 금강저, 청련靑蓮, 그리고 네 개의 불두가 조각되어 있다. 네 가지의 상징물은 비로자나불과 관련이 있는 4불을 의미한다.[10]

가장 정교한 사례는 4불을 상징하는 네 개의 불두와 8대보살을 상징하는 8개의 불두가 함께 조각된 것도 발굴되었다.[11]

청동으로 제작된 금강계의 신중상들은 더욱 흔하다. 동자바지역의 난죽 근처에서 90존의 청동상이 발견되었는데, 당시 전쟁과 같은 재난을 피하기 위하여 특정장소에 숨겨둔 것으로 추측된다. 이 상像들은 밀교의식용으로 보이며 정교한 삼차원의 만다라에 사용되었을 가능성이 많다. 보로부두르의 부조에는 이 상들이 표현되지 않았다. 이 90존의 청동상들은 금강계만다라의 신중들로 꽃, 향로, 그리고 현악기를 수지한 여성성을 보여주는 보살들이다. 본존은 4면상이다. 『티베트경전(Nispanna-yogavali)』에 4면의 비

로자나불이 거론되었으며, 이 지역의 불상들도 동일한 형식을 취하고 있다. 그러나 중국과 일본의 초월적인 부처, 즉 비로자나불은 일면一面으로 『금강정경』을 따르고 있다.

청동상들은 보로부두르이후 2-3세기에 제작되었으며 대부분 유사한 형식이다. 이 상들로부터 보로부두르의 밀교와 관련된 정보는 얻을 수 없다. 90존의 청동상과 함께 다른 사례들도 중앙자바와 동자바지역에서 꾸준히 발견되고 있다. 일부 비로자나불은 독특한 수인인 보리길상인菩提吉祥印(지권인, bodhyagri mudra)[12], 즉 두 손을 가슴 앞에 두고 오른손으로 왼손의 집게손가락을 감싸는 형식의 수인을 취하고 있다. 금도금상 한 점이 중앙자바지역의 시도레조에서 발견되었고[13], 여성성을 보여주는 비로자나불(Vajradatvisvari)상도 존재한다.

또 다른 금강계신중인 금강살타보살金剛薩埵菩薩(vajrasattva)은 오른손에 금강저를, 그리고 왼손에 종을 수지하고 있다. 그는 모든 존재와 사물에 존재하는 불성佛性의 화신化身이며, '37가지의 금강계지식'을 구현具顯한다. 그가 수지하고 있는 금강저와 종이 이와 같은 신앙을 상징한다. 두 지물은 금강계만다라의 하위 8개의 만다라중 하나인 마야 만다라에서 32보살 중에 처음과 마지막 보살을 의미한다.

금강수보살金剛手菩薩(vajrapani)은 금강계만다라에서 중요한 위치에 있다. 다르마팔라(Dharmapala)로 알려진 이 보살은 인도네시아에서 발견된 가장 독특한 보살 중 한분이다. 요기야카르타에서 발견된 청동상은 우리에게 익숙한 티베트상과 유사하다. 광포한 표정을 보여주는 이 신중은 머리가 네 개며, 팔이 8개로 바루, 몽둥이, 원반 등의 지물을 수지하고 있다. 시체 두 구를 딛고 서있는데, 시바와 그의 배우

8_ J. E. van Lohuizen-de Leeuw, *Inda-Javanese Metalwork* (Stuttgart: Linden Museum, 1984) pl. 67; Scheurleer and Klokke(1984), pl. 68.

9_ van Lohuizen-de Leeuw, pl. 63, 64.

10_ Ibid. pl. 61; compare pl. 64; also Scheurleer and Klokke(1988) pl. 67

11_ van Lohuizen-de Leeuw, pl. 64.

12_ For exampl. van Lohuizen-de Leeuw; pl. 6, 7, from central Java.

13_ J. Fontein, R. Soekmoni, Satyawati Suleiman, *Ancient Indonesian Art* (New York: Asia House, 1971) pl. 148.

자인 우마로 힌두교에 대한 불교의 승리를 상징한다고 한다.

특히 금강계의 경전은 이 신중들의 도움으로 신앙의 적을 물리치는 방법에 대하며 상당량의 지면을 할애하고 있다. 티베트지역에서 이와 같은 분노의 형식은 더욱 영향력이 크며 오랫동안 유행하였다. 8세기경에 중국에서 밀교승려 불공이 궁정(당 현종)의 스승이 되었으며, 그는 특히 티베트나 아랍인과의 전쟁에서 적들을 정복하는 데 신중들의 구원을 요청하기도 하였다. 인도네시아에서 광포한 신중은 드무나, 고대 발리의 경전에서 이와 같은 신중이 기술되었다. 성행위를 보여주는 신중(남녀 합체상)은 티베트에서 유행하였지만, 인도네시아에서는 존재하지 않는다. 아마도 평온하고 신앙심이 깊은 자바인들에게 악마적이거나 호색한 신중이 선호되지 않았는데, 그들은 깨달음을 통하여 장애를 극복하였기 때문이다.

탄트라에서 초월적인 부처는 다양한 위상과 형식을 보여준다. 첫 번째는 아미타불이다. 두 번째는 비로자나불로 선정인을 결하고 있다. 세 번째의 단계는 사면의 비로자나불로 오른손으로 왼손의 검지를 감싸며 원반을 수지한다.

중앙자바지역에서 출토된 금강계의 청동제 보살상과 금강저는 대부분 830년 이후에 제작되었다. 당시 금강계의 신앙행위가 지속되었던 보로부두르에서 금강계 상들이 출토되지 않은 이유는 아마도 다른 사유일 가능성이 많다. 당시 밀교계 청동상들은 깨달음이 낮은 단계에 있는 신도들을 위하여 사용되었으며, 보로부두르는 더욱 높은 단계의 신도들을 대상으로 축조되었을 가능성이 있다.

참고문헌

Bernet Kempers, A. J. *Ageless Borobudur*(Wassenaar: Servire, 1976).

Boechari. "Preliminary report on some archaeological finds around the Borobudur temple," *Pelita Borobudur CC/5, 1976*(published 1982): pp. 90-95.

Boeles, J. J. *The Secret of Borobudur*(Bangkok: J. J. Boeles, 1985).

Brandes, J. "Twee oude berichten over de Baraboedoer," *Tijdschrift van het Bataviaasch Genootschap* 44(1901): pp. 73-84.

de Casparis, J. G. *Prasasti Indonesia II* (Bandung: Masa Baru,1956).

de Casparis, J. G. *Prasasti Indonesia I* "Inscripties uit de Sailendra-tijd,"(Bandung: A. C. Nix,1950).

de Casparis, J. G. "Barabudur," *Encyclopedia of Buddhism* (Colombo: Government Press, 1968).

de Casparis, J. G. "The dual nature of Barabudur," *Barabudur: History and Significance of a Buddhist Monument*(Berkeley Buddhist Studies No. 2 , 1981): pp. 47-83.

Chandra, L. "Borobudur as a monument of esoteric Buddhism," *South East Asian Review* 5/1: 1-4 1.

Chandra, L. *A Ninth Century Scroll of the Vajradhatu Mandala*(New Delhi: Sata-Pitaka Series, Indo-Asian Literatures, vol. 343, 1986).

Cleary, T. *Entry into the Realm of Reality*. (Boston: Shambhala,1989).

Drekmeier, C. *Kingship and Community in Early India*(Stanford: Stanford University Press,1962).

Dumarçay, J. "Histoire architecturale du Borobudur," *Publications de l'Ecole Française d'Extrême-Orient. Mémoires Archéologiques* XII (1977).

Dumarçay, J. "Les effets perspectifs de l'architecture de l'Asie meridionale," *Publications de l'Ecole Française d'Extrême-Orient. Mémoires Archéologiques* XV(198 3).

Dumarçay, J. "Le savoir des maîtres d'oeuvre javanais aux xiiie et xive siecles", *Publications de l'Ecole Française d'Extrême-Orient. Mémoires Archéologiques* XVII (1986).

Fontein, J. *The Pilgrimage of Sudhana*(The Hague: Mouton, 1967).

Fontein, J. ; Soekmono, R. ; Saty awati Suleiman, *Ancient Indonesian Art*(New York: Asia House,1971).

Hurvitz, L., trans. *Scripture of the Lotus Blossom of the Fine Dharma*(New York: Columbia University Press, 1976).

Krom, N. J. and Th. van Erp. *Archaeological Des cription of Barabudur*(The Hague: M. Nijhoff, 1927-1931).

Laporan Tahunan Dinas Purbakala Republic Indonesia 1951-52(published 1958).

van Lohuizen-de Leeuw, J. E. *Indo-]avanese Metalwork*(Stuttgart: Linden-Museum, 1984).

van Lohuizen-de Leeuw, J. E. "The Dhyani-Buddhas of Barabudur", *Bijdragen tot de Taal-, Land- en Volk-enkunde* 121(1965).

Millies, H. C. *Recherches sur les Monnaies des Indigénes de l'Archipel Indien et de la Péninsule Malaie*(1871).

Mus, P. *Barabudur*(Hanoi: Imprimerie d'Extrême Orient, 1935).

Notulen van het Bataviaasch Genootschap voor Kunsten en Wetenschappen(1909: vol. 47).

Olthof, W. O. *Babad Tanah Djawi in Proza*('s Gravenhage: M. Nijhoff, 1941).

Pott, P. H. *Yoga and Yantra*(The Hague: M. Nijhoff, 1966).

Scheurleer, P. L. and M. J. Klokke. *Ancient Indonesian Bronzes*(Leiden: Brill, 1988).

Slusser, H. *Nepal Mandala*(Princeton: Princeton University Press, 1982).

Snodgrass, A. *The Matrix and Diamond World Mandalas in Shingon Buddhism*(New Delhi: Sata-Pitaka Series, Indo-Asian Literatures vol. 354, 1988).

Stutterheim, J. F. *De Teekeningen van Javaansche Oudheden in het Rijksmuseum van Ethnografie*(Leiden: Luctor et Emergo, 1933).

Stutterheim, W. F. "Chandi Borobudur: Name, F orm, Meaning," *Studies in Indonesian Archaeology*(The Hague: M. Nijhoff, 1956).

Walker, B. *Hindu World*(London: Allen and Unwin, 1968).

Wayman, A. "Reflections on the theory of Barabudur as a mandala," *Barabudur: History and Significance of a Buddhist Monument*(Berkeley Buddhist Studies No. 2, 1981): pp. 139-172.

Wilsen, F. C. "Boro Boedoer," *Tijdschrift van het Bataviaasch Genootschap voor Kunsten en Wetenschappen* 2(Batavia: 1852), pp. 235-299.

With, K. *Java*(Hagen: F olkwang, 1920).

역자 사진

사진 1 중국의 구법승려 법현의 루트(5세기 초)
사진 2 중국의 구법승려 의정의 루트(7세기)
사진 3 인도 벵갈지역 출신의 대승불교스승 아티샤
(982-1054)
사진 4 고대 사일렌드라 왕국의 최대영토(8세기 후반)
사진 5-1 플라오산 불교사원 전경(9세기 중반)
사진 5-2 플라오산 불교사원, 본전
사진 5-3 플라오산 불교사원, 본전 정면
사진 5-4 플라오산 불교사원, 불상
사진 5-5 플라오산 불교사원, 수문신(드바라팔라)
사진 5-6 플라오산 불교사원, 본전 성소의 2존상
사진 5-7 플라오산 불교사원, 본전 외벽부조
사진 5-8 플라오산 불교사원, 본전 외벽부조 187
사진 6-1 프란바난 힌두교사원 조감도, 9세기 중반
사진 6-2 프란바난 힌두교사원(브라흐마-시바-비슈누
사원)
사진 7-1 멘둣 불교사원, 9세기 초(명문 824)
사진 7-2 멘둣 불교사원
(외벽 관음보살삼존상)
사진 7-3 멘둣 불교사원
(외벽 하리티상))
사진 7-4 멘둣 불교사원(외벽, 천인과 킨나라의 경배
를 받는 보수)
사진 7-5 멘둣 불교사원(본당내부의 삼존상)
사진 7-6 멘둣 불교사원(삼존 중존)
사진 7-7 멘둣 불교사원(삼존 좌협시상)
사진 7-8 멘둣 불교사원(삼존 우협시상)
사진 8 인도네시아 현대의 펜도포
사진 9 캔디세유 불교사원 조감도, 800년경 리노베이
션

사진 10-1 커티고사홀 내부벽화, 발리, 근대
사진 10-2 커티고사홀 내부벽화 상세도(지옥도)
사진 11 보로부두르- 파원사원- 멘둣 사원 위치도
사진 12 파원불교사원, 8-9세기
사진 13 요가파타를 착용한 수행자들
사진 14-1 전륜성왕의 7가지 보물(자가이야페타 스투
파, 인도, 1세기)
사진 14-2 전륜성왕의 7가지 보물(나가르주나콘다 스
투파, 인도, 3-4세기)
사진 15-1 칼라산불교사원, 8세기(명문 778)
사진 15-2 칼라산불교사원(남문)
사진 15-3 칼라산불교사원(벽감)

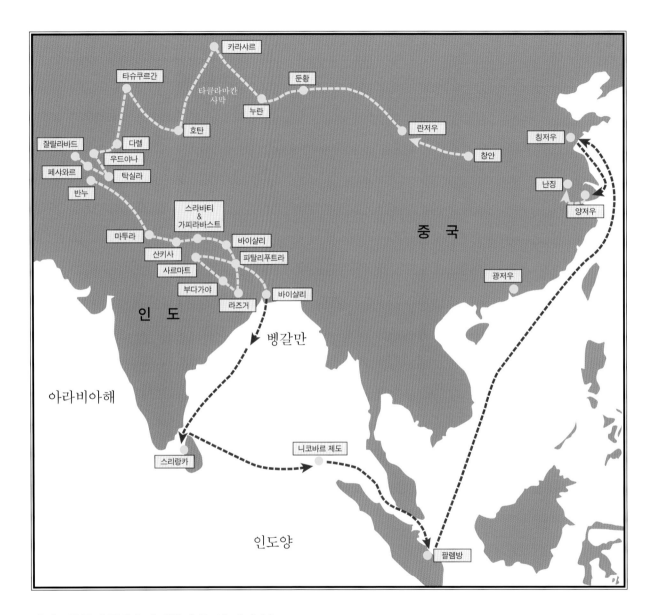

사진 1 중국의 구법승려 법현의 루트(5세기 초)

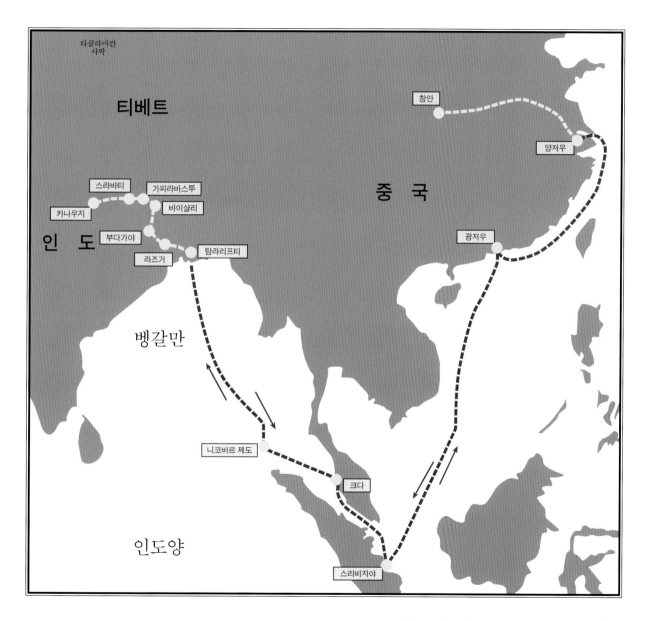

사진 2 중국의 구법승려 의정의 루트(7세기)

사진 3 인도 벵갈지역 출신의 대승불교스승 아티샤(982-1054)

사진 4 고대 사일렌드라 왕국의 최대영토(8세기 후반)

사진 5-1 플라오산 불교사원 전경
(9세기 중반)

사진 5-2 플라오산 불교사원, 본전

사진 5-3 플라오산 불교사원,
본전 정면

사진 5-4 플라오산 불교사원, 불상

사진 5-5 플라오산 불교사원,
수문신(드바라팔라)

사진 5-6 플라오산 불교사원,
본전 성소의 2존상

사진 5-7 플라오산 불교사원,
본전 외벽부조

사진 5-8 플라오산 불교사원,
본전 외벽부조

사진 6-1 프란바난 힌두교사원 조감도, 9세기 중반

사진 6-2 프란바난 힌두교사원(브라흐마-시바-비슈누사원)

사진 7-1 멘둣 불교사원, 9세기 초(명문 824)

사진 7-2 멘둣 불교사원
(외벽 관음보살삼존상)

사진 7-3 멘둣 불교사원
(외벽 하리티상)

사진 7-4 멘듯 불교사원(외벽, 천인과 킨나라의 경배를 받는 보수)

사진 7-5 멘둣 불교사원(본당내부의 삼존상)

사진 7-6 멘둣 불교사원(삼존 중존)

사진 7-7 멘둣 불교사원(삼존 좌협시상)

사진 7-8 멘듯 불교사원(삼존 우협시상)

사진 8 인도네시아 현대의 펜도포

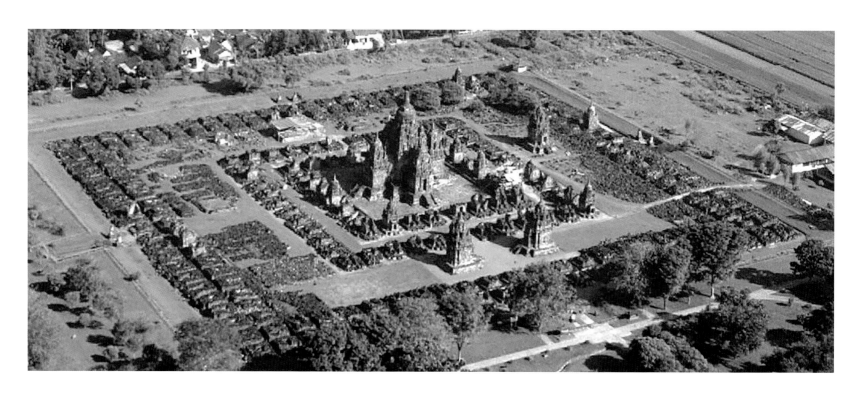

사진 9 찬디세유 불교사원 조감도, 800년경 리노베이션

사진 10-1 커티고사홀 내부벽화, 발리, 근대

사진10-2 커티고사홀 내부벽화
상세도(지옥도)

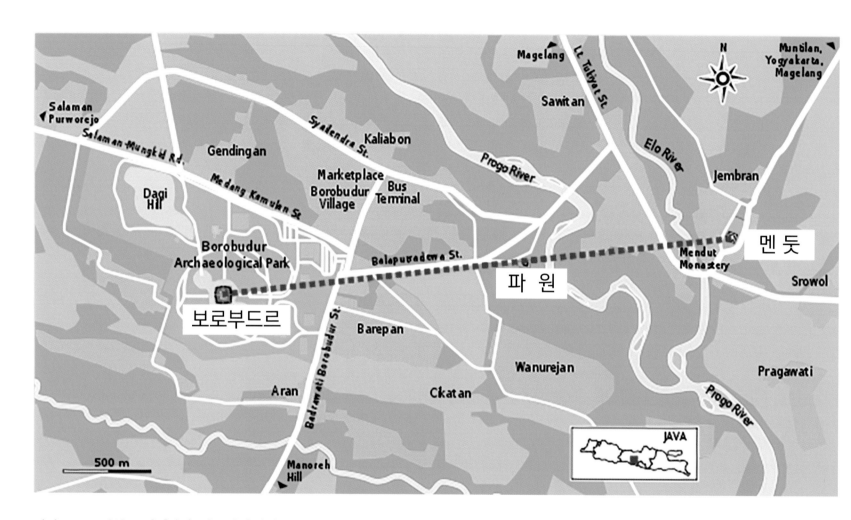

사진 11 보로부두르- 파원사원- 멘듯 사원 위치도

사진 12 파원불교사원, 8-9세기

사진 13 요가파타를 착용한 수행자들

사진 14-1 전륜성왕의 7가지 보물
(자가이야페타 스투파, 인도, 1세기)

사진 14-2 전륜성왕의 7가지 보물
(나가르주나콘다 스투파, 인도, 3-4세기)

사진 15-1 칼라산불교사원, 8세기(명문 778)

사진 15-2 칼라산불교사원(남문)　　　　　　　　　　사진 15-3 칼라산불교사원(벽감)